中国の酒文化

君当《まさ》に酔人を恕《ゆる》すべし

蔡毅……著

図説❖中国文化百華 017

農文協

中国の酒文化

君 当《まさ》に酔人を恕《ゆる》すべし

目次

デザイン　田内　秀

はじめに

あなたは酒がお好きだろうか。

この問いに対する答えは人それぞれであろう。ある人は好きで好きでたまらず、一日たりとも離れられない熱愛ぶりだし、またある人はほんの一滴も口にせず、仇《かたき》のごとく忌み嫌う。そして恐らく多くの人は、適度にたしなむのを常とする。家族の団欒や友達同士の集まりだけでなく、結婚式や誕生日、慰労会に祝賀会、正月やお祭り、歓迎会に送別会と、酒がなくては物足りない場面は数多い。酒に対する見方は人それぞれだとはいえ、酒が人間の生活に欠くことのできない大切な存在であり、一種の抗《あらが》いがたい魅力をそなえていることは、誰もが認めざるを得ないだろう。

この魅力はひとえに、酒が単に物質的な存在であるだけでなく、精神的な意味合いをも強く含む存在だというところに由来する。酒はひとつの飲み物であると同時に、さまざまな文化の要素を体現してもいる。人類の歴史を振り返ってみれば、酒は文明の発祥とほぼ時を同じくしてこの世に生まれ、また世界を見渡してみれば、酒は至るところにその姿を現す。世界三大宗教であるキリスト教・仏教・イスラム教のうち二つまでが禁酒を課しているとはいえ、人類が日常的に口にする飲み物のなかで、酒ほどの歴史と深い意味合いを有するものはないし、これほど人々の生活のあらゆる場面に浸透し、飲む人に特別な心理作用を及ぼすものも見当たらない。だから、少なくとも禁酒の掟を持たない東アジア儒教文化圏において、酒を飲むことは一種の重要な文化であると言ったとしても、異議を唱える人はいないだろう。

五千年の永きにわたる中国文明においても、酒をとりまく文化は悠久の歴史を有する。酒の発明にまつわる数々の伝説や、さまざまな飲酒習俗、また酒が社会生活の中で果たした特別な役割や、酒から生まれてきた思想哲学、さらに酒を題材とした文学や芸術に至るまで、酒のまわりには実に豊富で多彩な文化が生まれ、中国文明の中に「酒文化」とも呼ぶべき重要な領域を作り上げた。小さな酒杯を覗きこんでみれば、そこには中国文化のまばゆい光がちらちらと揺れ、屈折の中に中国文明の無限の広がりと奥行きを映し出す。もしも中国に酒が存在しなかったなら、陶淵明もいなければ李白も現れないし、杜甫も白居易も存在しないことになり、中国の文明世界は全く違う様相を呈していたことだろう。

それではこのささやかな一冊において、この魅惑的な世界の扉をひとつひとつ開き、ゆっくりとその香りに酔いしれてみよう。

第一章　酒は天の美禄

——中国酒の歴史

対酒当歌
人生幾何
譬如朝露
去日苦多
慨当以慷
憂思難忘
何以解憂
惟有杜康

曹操

一、酒の発明に関する伝説

「酒は天の美禄」とは『漢書』*「食貨志」に見える名言であるが、古代中国の人々の酒に対する心からの賛美を端的に言い表している。それでは天の賜りしこの魅力的な液体は、いったいいつ、誰によって発明されたのだろうか。

中国の歴史上では、酒の発明者にまつわる伝説が、主に五種類語られている。

1・酒星造酒説

宋代の竇苹《とうひょう》は『酒譜』*「酒之源」の項で造酒の祖について数々の説を列挙しているが、その中の一つに「天に酒星有り、酒の作らるるや、其れ天地と并《なら》べり」とある。つまり「酒を作る」ことは酒星に始まり、それは天地の誕生と共に存在した、という説を述べているのだが、ここでいう「酒星」とは「酒旗星」のことである。古人は天文を観測するにあたってさまざまな星宿に名前を付けたが、『晋書』*「天文志」にはこれについて「軒轅の右角南三星を酒旗と曰う、酒官の旗なり、宴饗飲食を主《つかさど》る」と記載する。図1（一一頁）は清代に編纂された『儀象考成』*巻九の酒旗星にまつわる記述部分である。この古代の星図を今の夜空に探そうとするならば、獅子座にある軒轅星は明るいために比較的見つけやすいが、酒旗星の方は暗く非常に探しづらい。とはいえ、歴代の文学作品を見渡すと酒星に対してはやはりさまざまに賞賛の声が寄せられている。中でも有名なのが李白*の『月下独酌　其二』であろう。

『漢書』　120巻。後漢の班固［32–92］著。前漢高祖から王莽滅亡までの231年間の歴史を記した正史。

『酒譜』　唐代の王績の『酒譜』に倣ったものといわれる。「酒之源」「酒之名」「酒之事」など約14項と後題からなる。

『晋書』　130巻。644年頃成立。西晋4代54年、東晋11代102年間のことを記した正史。

『欽定儀象考成』　清代、勅命によって戴進賢（ドイツ人）を中心に編纂された。旧来の星座に増補した大きな恒星表。32巻。

李白　→p.131

天若不愛酒　天若《も》し酒を愛せざれば
酒星不在天　酒星天に在らず
地若不愛酒　地若し酒を愛せざれば
地中無酒泉　地中に酒泉無し
天地既愛酒　天地の既に酒を愛したれば
愛酒不愧天　酒を愛して天に愧《は》じず

無論、酒星が酒を作ったという伝説は、古代人のロマンティックな想像にすぎない。これを含むさまざまな説を取りあげた竇苹本人も、「以て考据するに足らず」として、疑問視している。

2・黄帝造酒説

中国太古の帝王に関する伝承としては有名な「三皇」「五帝」が挙げられるが、それに含まれる名は古来一定しない。ここではひとまず「三皇」を伏羲《ふっき》・神農・燧人《すいじん》、「五帝」を黄帝・顓頊《せんぎょく》・帝嚳《こく》・堯帝・舜帝とする説をとって話をすすめよう。中国文化の大きな特徴の一つは、古《いにしえ》を信じ古《いにしえ》を尊ぶことである。後世の人間は、人の世に存在する素晴らしいものや不思議なもの、解けない謎などについて、それらを太古の帝王の創造に帰することが多かった。例えば漁業と牧畜は伏羲が発明し、五穀と薬草は神農が発明し、木をこすり合わせて火をおこすことは燧人が発明し、そして彼らの智慧によって人間は基本的生存能力を獲得したのだという伝承などである。さて酒に関して言えば、『儀礼』*「士昏礼」疏の記述には、神

『月下独酌』其の二
天がもし酒好きでなければ、夜の空に酒星という星はなかったろう。地がもし酒好きでなければ、地上に酒泉という地名はないはずだ。天も地も酒好きなのだから、酒好きなのは天地に恥じるに及ばない。
『中国名詩鑑賞3李白』(小沢書店)より

『儀礼』 17編。周代から春秋時代にかけて宗教的・政治的儀礼を集めた儒家の経典の一。周公旦または孔子の作といわれ、戦国末から漢初にかけて成立したものとされる。「周礼」「礼記」とともに「三礼《さんらい》」と呼ばれる。

農の時代には農耕が始まったばかりであったから酒の醸造に着手する段階にはまだ達しておらず、よって酒が醸されたのはその次の黄帝を嚆矢とするという説が示されている。漢代に成立した『黄帝内経』「素問*」には、黄帝と医学の祖である岐伯との間に交わされた以下のような会話が記されている。

黄帝「五穀の薬湯及び醴醪《れいろう》*をつくるにはどうしたらいいのか。」

岐伯「必ず米を用い、これを稲藁で炊くようにします。米は必ず粒が完全なかたちのものを、そして藁は必ずしっかりしたものを用います。」

ここで説明されているのは一種の薬酒の製法である。時代が下って東晋の葛洪《かっこう》『抱朴子*』になると、黄帝が「酒泉法」を発明した、とはっきり述べている。これは米麹に当時流行の煉丹で用いる丹薬を加えれば酒ができる、というものである。

3・猿造酒説

上述の二説が昔の人々の空想や牽強付会だったとすれば、猿が酒を造ったというこの説は人類共通の認識の一つであり、世界中の多くの国に類似の伝説がある。そのあらましはおおむね、猿が野生の果物を集めて食べ切れなかったものを山の窪地や木のうろに隠し、時間が経って果物が発酵した結果、自然に酒になったというものである。清代の多くの典籍が、今でいう広東省西部の山地には花や果物を集めて酒を醸すのに長じた猿が生息し、その酒は「猿酒」と呼ばれている、と記している。また現在でも、安徽省の名勝地である黄山でこうした酒を発見した人がいる、という報道まで耳にすることさえある。唐の李肇《りちょう》の『国史補*』には

『黄帝内経』「素問」　「素問」は主として生理や病理の理論を記す。『黄帝内経』は「素問」と、治療の方法や技術を記した「霊枢」を統合したもの。

醴醪　甘酒と濁り酒

『抱朴子』　内外8巻72編。東晋の葛洪著。317年頃成立。不老長寿の仙術を解説した書。神仙思想に道家の説や修行法を加えてまとめた内篇と、儒家の立場から政治・社会などを述べた外篇から成る。

『国史補』　李肇著。唐代の役所の制度や科挙試験、社会風俗、各地の名産など、さまざまな雑事を記録したもの。

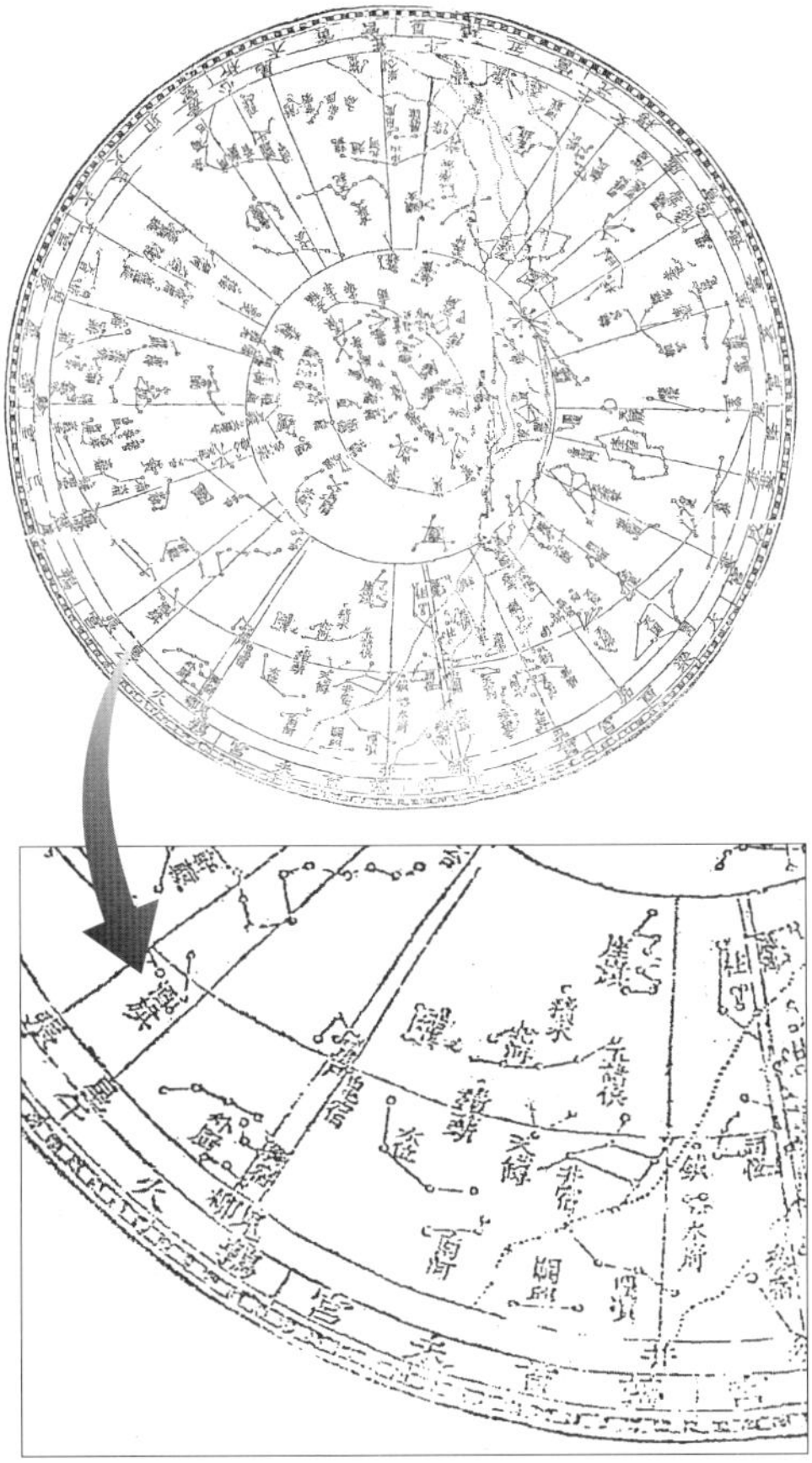

『儀象考成』より

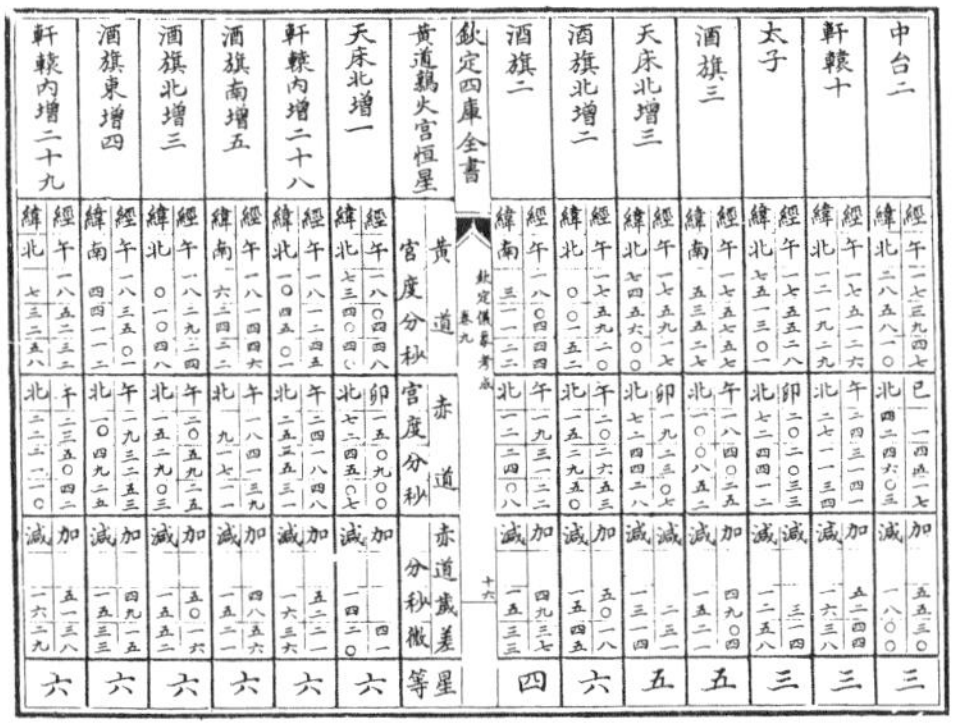

黄道鶉火宮恒星	黄道 宮度分秒 經	黄道 緯	赤道 宮度分秒 經	赤道 緯	赤道歳差 分秒微 經	赤道歳差 緯	星等
中台二	午二七三九四七	北二八五八一〇	巳一四五一七	北四二四六〇三	加五五三〇	減一八〇〇	三
軒轅十	午一七五一二六	北一二一九二九	午二四三一四一	北二七一一三四	加五二四四	減一六三八	三
太子	午一七五五二八	北七五一三〇一	卯二〇二〇三三	北七二四四一二	減三一四	減一二五八	三
酒旗三	午一七五七五七	南五三五二七	午一八四〇二五	北一〇〇八五二	加四九〇四	減一五二一	五
天床北增三	午一七五九一七	北七四五六〇〇	卯一九二三〇七	北七二四四二八	減二三一	減一三一四	五
酒旗北增二	午一七五九二〇	北〇〇一五二	午二〇二六五三	北一五二九五〇	加五〇一八	減一五四五	六
酒旗二	午一八〇四四四	南三一一二二	午一九三一二二	北一二二四〇八	加四九三七	減一五三三	四
天床北增一	午一八〇四四八	北七三四〇四〇	卯一五〇九〇〇	北七二四五〇七	加四一	減一四二〇	六
軒轅内增二十八	午一八一二四五	北一〇四五〇一	午二四一八四八	北二五三五三一	加五二二一	減一六三六	六
酒旗南增五	午一八一四四六	南六二四二二	午一八四一三九	北九一七一一	加四八五六	減一五二一	六
酒旗北增三	午一八二九二四	北〇一〇四八	午二〇五九二五	北一五二九〇三	加五〇一六	減一五五二	六
酒旗東增四	午一八三五〇一	南四四一一二	午二九三二五三	北一〇四九二五	加四九一五	減一五三三	六
軒轅内增二十九	午一八五二三二	北一七三二五八	午二三五〇四二	北二二二一一〇	加五一三八	減一六二九	六

欽定四庫全書　欽定儀象考成　巻九　十六

図1『儀象考成』 巻9に見える酒旗星。夜空にみようとすると暗くてさがしづらい。

図2　馬麟「禹像」 南宋　台北故宮博物院蔵　賢明なる君主といわれる禹帝の威厳が感じられる。

黄帝像　明代『歴代古人像賛』より
『抱朴子』には黄帝が「酒泉法」を発明したと記されている。

次のような面白いエピソードが記載されている。

猿はそもそもすばしこい動物であり、普段は深山や野生林の中で跳躍と木登りを得意としていて神出鬼没であるから、生け捕りにするのは非常に難しい。しかし詳細な観察を経た結果、人々は猿の致命的な弱点を一つ発見した。それは猿が酒を好むことである。そこで人々は猿が出没する場所に、濃く醸した香りよい美酒を幾つかの酒がめに入れて置いた。猿はその香りをかぎつけてやってくると、まずは酒がめの前で躊躇することしきり、これは落とし穴だと恐れて去ってしまい、しばらく経って何も怪しいところがないのを知ると、甘い美酒の誘惑に耐えきれず思い切って飲み始める。そして大いに酩酊したところを、あっさりと捉えられてしまうのである。

東南アジアやアフリカでは、現在もこれに類似した方法で猿やオランウータンを捕まえている人たちがいるというから、猿と酒とはやはり常に関連があるのであろう。

4・儀狄造酒説

しかし中国の歴史上最も有名な伝説はやはり儀狄に関するものと、この次に語る杜康の造酒説である。

儀狄が酒を造ったという説は、『世本』にはじめて見える。これは秦漢の頃の人が古代の帝王公卿の系譜を集め記した書物であるが、現在は清人が輯佚したもののしか存在せず、その記載はあまり信用がおけるわけではない。この本によれば、

「帝の女《むすめ》は儀狄に始めて酒醪を作らしめ、五味を変ず」とある。秦代の呂不韋による『呂氏春秋』*にも「儀狄酒を作る」とある。漢代の劉向が編んだ『戦国策』*「魏策二」にはもう少し長い説明がある。「昔者《むかし》、帝の女は儀狄に酒を作らしめて美《うま》しとし、之を禹に進むれば、禹飲みて之を甘《うま》しとし、遂に儀狄を疏《うと》んじ、旨酒を絶たしめて曰く、『後世必ず酒を以て其の国を亡ぼす者有り』と。」夏代の君主には多く大酒飲みの悪習を持つ者が現れたし、儀狄が作り出したのはその上にもなお甘美で濃厚な美酒であったから、中国古代の賢明なる君主の代表格である禹帝としては、国家の安定を図るという大原則から、当然儀狄の発明に対し警戒を保ち嫌悪感を示す必要があったのだろう。図2（一一頁）は宋代の画家馬麟が描いた禹の像で、威厳が感じられる。

ともあれ、この例から儀狄が夏禹の時の人であることがわかる。儀狄を当時造酒を管轄していた官僚であろうと考える人もいるが、実はこの名前からわかるのは、儀狄が女性だということである。儀は古文字では「娥」に等しい。たとえば伝説中の人物后羿《げい》の妃嫦娥《こうが》は、古代においては「常儀」とも呼ばれた。つまり儀狄とは狄姓の女性なのである。後漢末の王粲は『酒賦』という作品を残しているが、その始まりで「帝の女《むすめ》儀狄、旨酒を是に献ず」と述べ、明確に彼女の身分と性別を示している。

昔にあっては酒を醸す技術を掌握しているのは女性であることが少なくなかった。『周礼』*「天官・冢宰」には「酒人、奄十人、女酒三十人、奚《けい》三百人」とある。

『呂氏春秋』 26巻。秦の呂不韋編。先秦における諸学説や伝説などを集めた書。

『戦国策』 33巻。漢代の劉向編。戦国時代に諸国を遊説した縦横家の策謀を国別に集めた書。

『周礼』 春秋時代の法制史家が考えた典型的な国家の官制を説明し、周代にことよせたもの。6部分からなり、職名の役割や人員を説明する。

意味は、この造酒坊に三百人余りの人間がおり、「奄」は「閹」に通じて宦官を意味するからすなわち管理者、「女酒」は技師、そして「奚」は実際に労働をする女奴隷たちである。研究によると、ここでいう「奄」は必ずしも実際に去勢されているわけではなく、単に彼らが常に「女酒」や女奴隷たちと共に造酒に従事するため、こうした差別的な意味を込めた呼称で呼ばれるようになったというに過ぎない。ここからわかるのは、当時の造酒が主に女性の従事する仕事であったという事実である。

それでは、儀狄は果たして実際に酒の「創始者」であったのだろうか。他の典籍には『世本』と矛盾する記述もある。例えば孔子*の八代後の子孫である孔鮒は、堯帝・舜帝はどちらも非常に酒量の多い君主であり、二人とも禹より古い時代の人間であるから、それでは彼らの飲んでいた酒はいったい誰が作ったのか、と述べている。よって禹の家臣である儀狄が「始めて酒醪を作」ったという説はおそらく不正確であろう。事実、酒の醸造とは複雑な手順と技術を必要とする工程であり、個人の力だけでは完成させ難いものである。もし儀狄が美酒を醸すのに長じた職人や親方のようなものであったり、または造酒を監督する官僚であって、それまでの人々の経験をまとめ、醸造の方法を完全なものにしたうえで、非常に質の高い酒を醸し出した、というのならばありうる話だ。だからこそ近代の歴史学者である郭沫若*は「禹の臣の儀狄が造酒を始めたという伝承があるが、この時指しているのは原始社会の時代に比べてより甘くおいしく濃厚な酒のことであ

孔子　こうし［前552–前479］春秋時代の学者・思想家。魯の国の大臣となったが、のち、諸国を回る。後年は弟子の教育と学問に励んだ。儒学の創始者。

郭沫若　かくまつじゃく［1892–1978］文学者・歴史学者。楽山（四川省）の人。日本留学中に文筆活動を開始。抗日統一戦線に参加し、中華人民共和国成立後は科学院院長ほかの要職についた。詩集「女神」、戯曲「屈原」など。

る」と述べるのである。この説明のほうが、より信用がおけるように思われる。

5・杜康造酒説

この伝説が最も民間に広く知られているものである。この知名度は主に三国時代の曹操*が詠んだ名作『短歌行』の歌い出しに起因するだろう。

対酒当歌　酒に対して当《まさ》に歌うべし
人生幾何　人生幾何《いくばく》ぞ
譬如朝露　譬えば朝露の如し
去日苦多　去りし日は苦《はなは》だ多し
慨当以慷　慨して当に以て慷すべし
憂思難忘　憂思忘れ難し
何以解憂　何を以て憂いを解かん
惟有杜康　惟《た》だ杜康《とこう》有るのみ

杜康《とこう》が酒を発明したという機縁について言えば、例えば西晋の江統『酒誥《こう》』に「飯有りて尽くさず、余を空桑に委《す》つ。鬱積して味を成し、久しく蓄えれば気芳《かんば》し。本此《もとこれ》より出づ、奇方に由らず」とあり、すなわち杜康が食べ残したご飯を桑の木のうろに置き、時間が経って発酵し、芳しい香りが出てきたため、酒になったということである。

しかしそれでは、杜康はいったいいつ頃の人で、どこに生まれ、どのような人であったのだろうか。実は古今を通してこれは謎とされている。古代の文献をい

曹操　→ p.84

『短歌行』
酒を飲んだら大いに歌うべきだ。人生なんて短いものだ。あたかも朝露のように、ただ過ぎ去る日々のなんて多いことよ。感情の高ぶるままに歌うがよい。だが、胸の奥底の憂いは忘れようがない。何によってこの憂いを消し忘れようか。ただ酒あるのみ。
『中国名詩選・上』(ワイド版岩波文庫)より

ろいろと紐解いてみても、彼に関する記述は実に様々、諸説紛々である。

南朝梁の蕭統『文選』*の曹操のこの詩の注には「康、字は仲寧、或るひとの云えらく、黄帝の時の宰人、号は酒泉太守」とあり、これによれば黄帝の時代の人ということになる。

前漢の許慎『説文解字』*には「古者《いにしえ》、少康初めて箕、帚、秫《じゅつ》酒を作る。少康は杜康なり」とある。少康は夏王朝の五代目の君主であるから、これにもとづけば夏の代の人ということになる。

宋代の竇苹『酒譜』「酒之源」には「杜氏は本《もと》劉より出で、商に累在して豕韋氏と為り、武王之《これ》を杜に封ず。国を伝えて杜伯に至りて、宣王の誅する所となれば、子孫晋に奔りて、遂に杜を氏と為す者有り、士会も亦た其の後也。或いは康の醸を善くするを以て名を得たるか。是れ未だ知るべからざる也。」意味は、周の武王が紂王を滅ぼし周王朝を立てた後、殷の豕韋氏（豕は豚であり、韋は獣の皮のことであるから、この氏族は恐らく牧畜に従事していたのであろう）を杜（今の西安市の東南あたり）に封じた。この一族が周の宣王の時に誅殺せられ、子孫は晋の国に逃げてこの時はじめて杜を姓とした。これ以前には「杜」の姓すらなかったというのであれば、杜康は春秋時期の人ということになり、少なくとも周代以前ではありえないことになる。

後世に至ると、杜康をはっきりと陝西省白水県の人と定めるようになる。白水県は陝北高原の南端、関中平原と交わる辺りに位置し、「四大賢人」のゆかりの

『文選』 60巻。中国の詩文集。梁の蕭統の編。現存する詩文の選集の最古のもの。周代から梁まで約千年間の代表的文学作品760編を収録。日本にも天平以前に渡来、平安時代に「白氏文集」と並んで広く愛読された。

『説文解字』 14編。後漢。中国でもっとも古い漢字の解説書。甲骨文字の発見で、時に著者許慎の解説に誤りがあることがわかったが、妥当なものが多く、現在でもその価値は高い。

遺跡があることで名高い。一人は黄帝の史官であり文字を創造したと伝えられる倉頡《そうけつ》*で、白水県陽武村に生まれたとされる。一人は死後彭衙土神に封じられた雷祥であり、生前は磁器を作るのに長けていたとされる。もう一人は中国四大発明*の一つである紙を発明した後漢の蔡倫《さいりん》*であり、はっきりした理由は不明ながら、この地に墳墓が残されている。そして最後の一人が、酒を醸した鼻祖であるとされる杜康である。

清の乾隆一九年（一七五四）に修訂された『白水県志』には杜康に関するやや詳しい記載が見える。「杜康、字は仲寧、相伝うらくは県康家衛の人為《た》りと。造酒を善くす」。康家衛は今でもある小さな村で、県城から西の方に七、八キロ離れたところにある。村の端には大きな堀があって、人々は「杜康堀」と呼んでいる。堀の源には泉があり、名前を「杜康泉」という。県志には「俗に杜康此の水を取りて酒を造ると伝う」、「郷民の謂えらく、此の水今に至るまで酒の味有りと」と記載されている。

泉の真ん中から滾々と湧き出た清流は、堀に沿って流れ、最後は白水河に流れ込む。よって人々は白水河をも「杜康河」と呼ぶ。杜康泉のそばの坂の上には大きな土饅頭があり、杜康が葬られたところだと言い伝えられ、傍に杜康を祀った廟もある。県志の記載によれば、往時は毎年旧暦の一月二十一日になると、郷民が皆お供え物をもって訪ね、杜康を祀る祭祀を行い、祭りを楽しんでいたという。惜しいことに廟と杜康の像は文革*の時期に壊されてしまった。一九七六年に白水

倉頡　そうけつ　伝説上の人物。鳥や獣の足跡を模して文字を作ったとされている。

中国四大発明　紙・火薬・羅針盤・活版印刷

蔡倫　さいりん［?―107?］後漢の宦官。桂陽（湖南省）の人。樹皮や布くずなどから初めて紙を作り和帝に献上したという。

文革　1966年に始まる大規模な思想・政治闘争。多くの知識人が投獄・迫害され、一般にも多くの死者を出した。毛沢東の死後、77年に終結が宣言された。文化大革命。

県の人々が杜康泉の近くに近代的な酒造工場を建て、「杜康酒造工場」と名付けた。酒づくりに使っているのはこの泉の水で、商品名も「杜康酒」という。

このほかに、清の道光一八年（一八三八）に修訂した河南省の『伊陽県志』、および道光二〇年（一八四〇）の『汝州全志』の中にも、杜康にゆかりのある遺跡の記載が見える。現在の汝陽県には「杜康仙荘」という村があり、杜康仙荘から北へ約一〇キロ余り離れた伊川県には、「上皇古泉」という湧き水があって、杜康がここで水を採取したという伝説がある。図3は汝陽県にある杜康を祭る「酒祖殿」である。今では伊川県・汝陽県ともにそれぞれ規模の小さくない杜康造酒工場を建て、商品はどちらも杜康酒という。伊川、汝陽の酒は白水県のそれと一緒にすると年間一万トンもの生産量を有し、名酒として全国で売られている。

もちろんこれらはただ歴史的な有名人によって地方の知名度を高め、産業の発展に役立てようとする行為に過ぎない。杜康は伝説上の人物に過ぎないため、誰もどの県が本家本元であるか断定できないからである。面白いのは杜康造酒説が日本にまで伝わったことである。日本で酒を醸す技術者のことを「杜氏」と言うのは、杜康の名字からだと言われている。

二、人と共に歩んだ酒の歴史

以上の五種類の伝説は、当然ながらみな昔の人々の想像と牽強付会の結果ではある。酒のように、原料や設備、製造技術のそれぞれにおいて厳しい要求がなさ

図3　杜康を祀る酒祖殿［河南省汝陽県杜康村］

れる飲料は、一人の人間の手によって突如完成をみるようなものでは当然なく、先駆者達が長い生産労働の中で少しずつ発展させ、完成させていったものと考えるべきだろう。ここからは考古学や歴史学の研究成果をもとに、中国における酒の醸造の歴史を簡単にふりかえってみようと思う。

中国の酒には主に五種類の区別がある。* すなわち、黄酒、白酒、果酒、ビール、薬酒の五つである。このうち果酒の醸造は秦・漢の時期にもすでに文献記載があり、西域から輸入したもののほかに、唐代の宮廷では醸造も行われたが、あまり発展してこなかった。近代以降ワインが盛んに飲まれるようになったのは、主に西洋の影響である。さらにビールについては、これは完全にヨーロッパから伝わった舶来品である。中国で最も古いビール工場は一九〇三年に創建されたもので、一世紀ほどの歴史しか有していないことになる。いっぽう薬酒は調合酒とも呼ばれ、中国医学の中では「酒剤」と呼ぶ。漢方薬と酒を調合したもので、病気を予防し体を強壮にする作用があるので、日本では「養命酒」などで知られている。中国では先秦の時期にすでに薬酒が存在した。とはいえ昔の人は酒そのものが薬であるとも考えていたので、前に引いた『漢書』「食貨志」の「酒は天の美禄」という言葉の後には、「酒は百薬の長」と続いている。「医食同源」という中国の伝統的な考え方は、酒が薬でもあるという認識と強く結びついたものと言える。しかし薬酒はやはり一種特殊な酒であるから、一般的な意味での日常的な飲料ではなく、これ以上は詳述しないこととする。

＊→p.29

こうして見てくると、中国の酒を代表しうるのは黄酒と白酒の二つのみということになる。白酒はやや遅く現れたものだから後にゆっくり述べるとして、まずは黄酒について語ろう。黄酒はまた老酒や米酒とも呼び、浙江省紹興一帯で生産される黄酒が日本では最もポピュラーであるため、日本では直接地名を呼んで「紹興酒」と言う。この酒は米などの穀物を原料としており、それらをふかして糖化させ、発酵させたのち濾過したものである。アルコール度は大体十五度前後で、色合いが多くは褐色*を呈するので黄酒の名がある。黄酒は中国で最も歴史があり、中国酒の代表格だと言っていいだろう。黄酒を主流に、白酒は傍流として考えると、中国の酒の醸造史は概ね次の三つの時期に分けられる。

1・秦以前——穀物があれば老酒《さけ》がある

今から遡ることおよそ一万年前、中国は新石器時代に入った。このとき農業生産の開始と、製陶技術の発明が酒の醸造に必要な条件をもたらした。七千年あまり前の河北省武安県磁山文化遺跡からは粟などの穀物の堆積物が大量に見つかっているが、これは当時の農業生産がすでにある程度の水準に達し、大量に食料を保存できるレベルにあったことを示している。そして人々が腹を十分に満たしたあとでも食料が残っている、この状況が醸造技術の発明をもたらしたのだと考えられる。前漢劉安の『淮南子』*「説林訓」に言う「清醠《おう》の美は、耒耜《らいし》に始む」とは、農業生産の発展が醸造の基礎となったことを表現しているのだろう。六千年前の陝西省眉県の仰韶文化遺跡では酒杯などの陶製の酒器が出土しており、これ

*中国では「黄色」の範疇に入る

『淮南子』 21巻。漢の淮南王劉安撰。諸家の思想・学説を総合的に記した書。

が現在知られている最古の酒器である。図4は同じく仰韶文化*に属する陝西省宝鶏市北首嶺文化遺跡から出土した壺である。形はにんにくのようなデザインとなっていて、水鳥が大きな魚の尾を嘴でくわえんとするさまが描かれ、すでに十分な美しさをそなえており、仰韶文化の時代まで下れば人々の生活の中に酒が出現していたということを証明している。

およそ五千年あまり前の山東省泰安市大汶口文化遺跡になると更に大量の陶製の酒器が出土しているが、最も有名なのは図5（カラーは九八頁）「豚型陶鬹《き》」である。これは豚の形を模した酒器で、まず酒を豚の背中にある円筒形の口から注ぎ入れておいて、背中の取っ手をつまんで豚の口から酒を注ぎ出すという、面白く奇抜な設計である。当時の人たちが、酒に舌鼓をうつだけでなく、同時に酒器を愛でるという楽しみも有していたことが想像される。前のところで黄帝や儀狄が酒を発明したという伝説を紹介したが、実は彼らの時代はみな酒が発明されてから後のことということになる。またこれから第三章でも述べるように、中国最古の王朝である夏王朝やその次の殷王朝になると、それぞれの最後の君主である桀王や紂王は荒淫の限りを尽くす目的で「酒池」まで作り出したが、この史実からも当時の酒造りが非常に発展していたことがうかがえる。

周から春秋戦国時代にかけては大量の青銅酒器が出土しているが、これも同様に酒造りの隆盛を示している。河北省平山県にある戦国時代の中山国陵墓からは、完璧に保存された状態の酒が見つかっており、酒器を開封した際にはこの二千年

仰韶文化　黄河上・中流域に栄えた新石器文化。彩文土器（彩陶）の使用を特徴とし、彩陶文化ともいう。

図6　中山国陵墓発掘現場　酒が入っていた酒器を開封すると香りが漂ったという。

図5　豚型陶鬹　高21.6cm　長22.4cm
大汶口遺跡出土　山東省博物館蔵

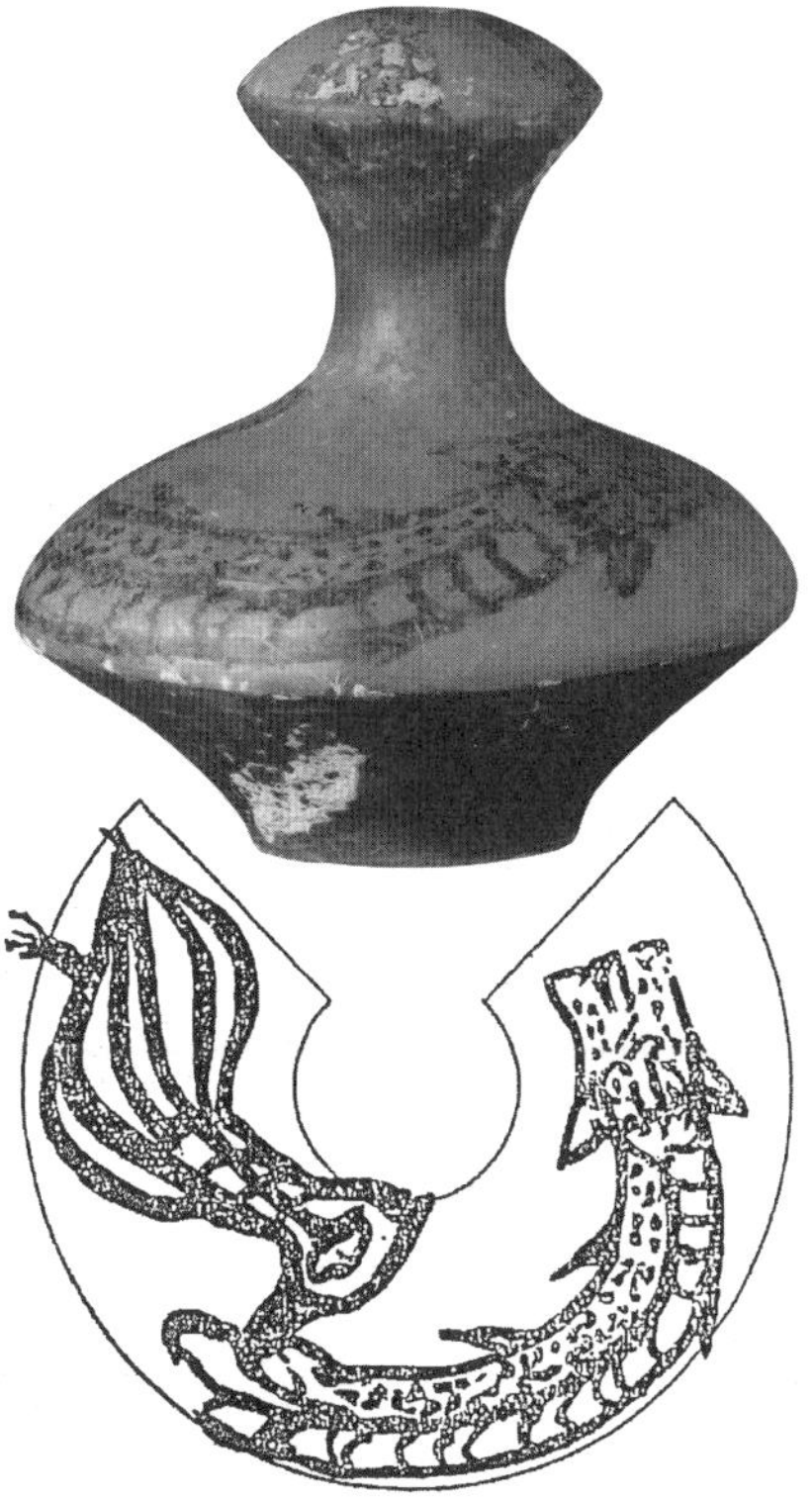

図4　彩陶鳥魚文壺　高21cm　陝西省宝鶏市
北首嶺遺跡出土　中国歴史博物館蔵

あまり前の酒が今も放つ馥郁たる香りを嗅ぐことができたという。図6がその発掘現場である。

早期の酒造りはおもに麹蘗《きくげつ》というものを用いて発酵させるという方法であった。後漢の許慎による『説文解字』には、「麹は、酒母《こうじ》なり」「蘗は、牙米なり」とある。牙米とはすなわち発芽したお米のことであり、それ自身を直接発酵に用いることもできるが、搗きつぶして培地にすることもできる。よって古代に言う「麹蘗」とは「酒母（こうじ）」のことであり、一般には「酒麹」と呼ぶそれであった。「酒麹」とは、糖化・酒化の特殊な能力をもっているカビを、米芽や米ぬか、麦などの培地で酵母に育て、澱粉を含む各種の原料に用いて発酵させたものであり、これを用いることで様々な酒を醸造することができる。『尚書』*の記載を見てみると、紀元前十二世紀の前半ごろ、殷の王武丁と大臣との対話の中に「若し酒醴を作らば、爾は惟れ麹蘗たり」という文言があり、三千年余り前の人々がすでに人工的に麹を培養する技術を会得していたことがわかる。日本の酒文化の権威である坂口謹一郎氏*は、カビを用いて発酵を行うのは東アジア独特の知恵であると言う。この独特の手法は、最初は古代の中国人によって発明され、それから朝鮮半島や日本など東アジア各国に伝わったのであった。

秦以前の醸造技術はまだ低く、多くはおそらくまだ天然の麹を用いていたし、圧搾などの工程も行われていなかったので、麹を用いて醸成した穀物酒は「醴《あまざけ》」と呼ばれるものであった。この酒はアルコール度数が低くて糖分が高いため傷み

『尚書』 58編。西周から戦国時代まで書き継がれた中国最古の歴史の記録。王の誓いや訓告のことばが大部分を占める。『書経』の異称。漢以降、宋代まで用いられた呼称。

坂口謹一郎 さかぐちきんいちろう［1897–1994］ 発酵微生物学者。随筆もよくした。著書に『日本の酒』（岩波新書）、『古酒新酒』（講談社）ほか。

やすく、大量生産や長期保存は難しい。

2・漢代から宋代にかけて——麹の改善で飛躍的に発展

漢代における酒づくりは主に三つの面でめざましく発展した。まずは麹であるが、以前は主に米を用いて製造していたのが、漢代には大量の麦を用いるようになった。原料の面では、それまで米や黍を用いてきたが、漢代には麦も重要な原料になる。技術面では餅麹《もちこうじ》*が主に天然培養に頼っていた麹にとってかわっただけでなく、圧搾や濾過などの技術も日に日に進歩した。原料の範囲拡大と、製造技術の進歩によって、中国の酒づくりは大いに発展する。酒によって利益を得るため、漢の武帝の時は役所による専売制度を実施していたが、のちには民間での酒造を許可しつつも税金を課した。中国の酒税は漢代に始まるわけである。官による醸造と民間の醸造、この二つによって酒の製造はより一般に普及した。図7（二七頁、カラーは九九頁）は四川省新都県で出土した漢代の画像磚*である。図の中央ではかまどの上に丸い鍋が載せられ、一人が手を伸ばして鍋をかき回し、もう一人が両手で酒を受け取っている。酒工場の前の台には注ぎ口が設けられ、下に置いた甕の中に酒が注ぎこむようになっている。その他にも車を押している者あり、天秤を担いでいる者あり、みなせわしなく手順どおりに仕事をこなしている。

南北朝時代になると『斉民要術』*が、さらに詳しく各種の醸造方法を紹介しており、当時の酒づくりがどれだけ発展していたかを窺い知ることができる。

餅麹 塊状の麹。保存に便利である。

画像磚 れんがに画像を彫刻したもの

『斉民要術』 10巻。北魏の賈思勰著。現存する最古の農業書。それまでの農業書を集大成し、各種作物の栽培法、家畜の飼育法などを体系的に述べている。

唐代は古代中国においてもっとも栄えた時代であるが、酒づくりももちろん空前の繁栄を呈した。それまでと同様、唐代にも官と民間のそれぞれが酒造を行い、民間に対しては税金がかけられていた。当時は全国各地で質の高い酒が醸造され、現存する文献によると唐代には酒の名だけで数十種にも達していたらしい。目を引くのは唐代に「春」を酒の名につけることが好まれたことで、たとえば石凍春、梨花春、松醪春などがあったが、このとき作られた「剣南焼春」が現在の四川省で作られている名酒「剣南春」の前身であるという。こうした「春」を用いた命名法は唐代以前にもあり、おそらく当初は春に醸された春酒を意味したのであろうが、唐代には「春」という詩的な響きが好まれたのか、「春」の字自体もしばしば「酒」の代わりに用いられるようになり、時には酒のことを直接「老春」などと呼んだりもした。唐代の詩歌の隆盛と、唐代の人々のロマンティックな気質が酒の名にもあらわれていると言えるだろう。図8は湖南省長沙市から出土した唐代の磁器製酒壺であるが、壺の上には四句の詩が書かれている。

春水春池満　　春水　春池満ち
春時春草生　　春時　春草生う
春人飲春酒　　春人　春酒を飲み
春鳥哢春声　　春鳥　春声を哢《ろう》す

「春」の字がこんなに用いられているのを見るだけで、瞬時にこころが春めいて浮き立ち、酒の香りに酔いしれていくようではないか。

太湖の春［蘇州］

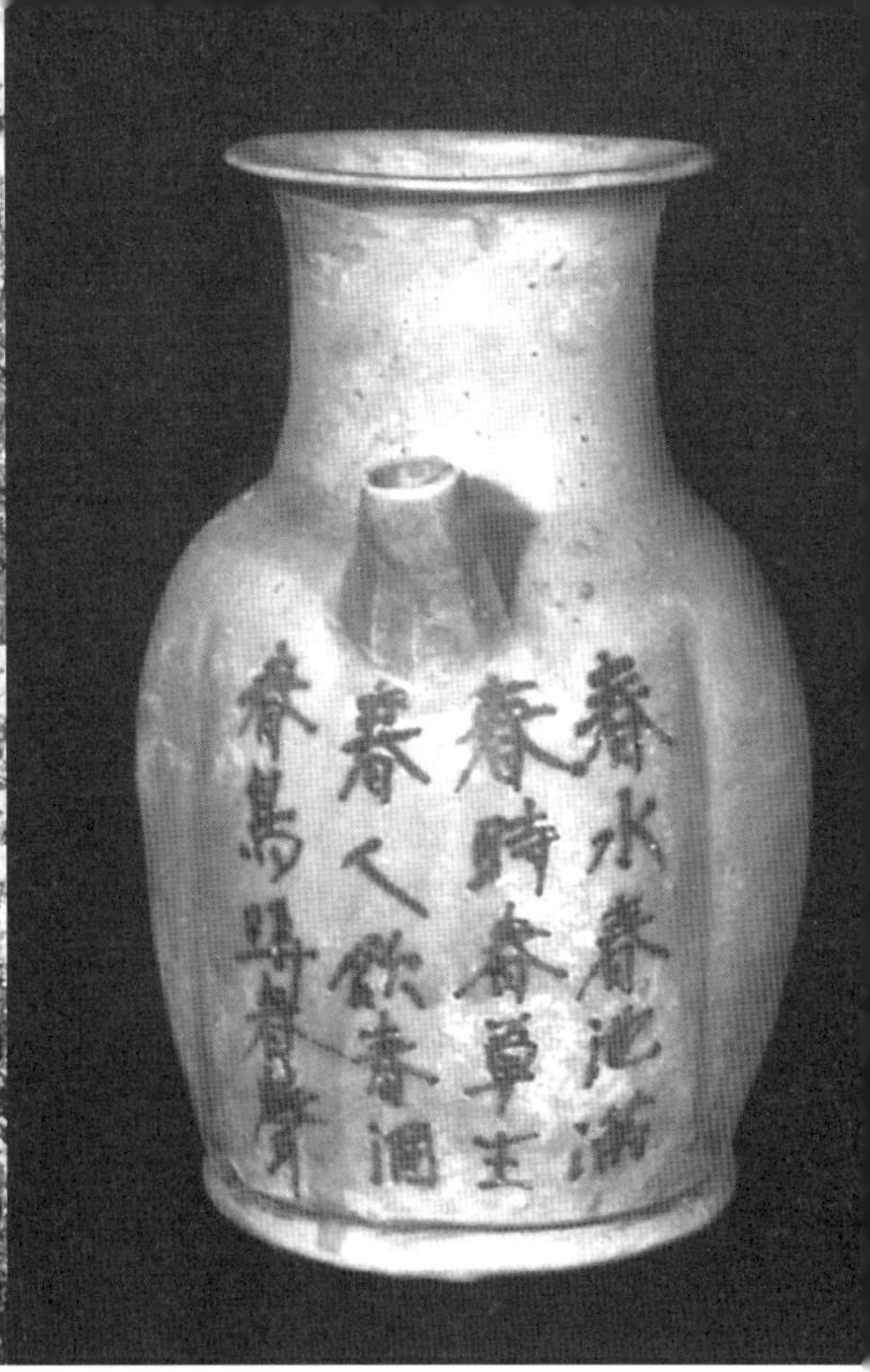

図8　詩文磁執壺　唐　磁器　高19cm　口径9cm　湖南省長沙市出土

図7　酒造図画像磚　後漢　高28.0cm　幅49.5cm　四川省博物館蔵　酒工場で働く人びとがそれぞれの仕事をこなしている。

さて宋代を見てみると、宋代の社会の特徴は都市経済が高度に発展し、商業活動がよりいっそう盛んになったことである。当然これによって酒づくりはさらに隆盛を極めた。それまでと大きく異なっていたのは、宋代の文人がしばしば自らの手で酒を醸したことである。宋代の大文豪蘇軾《そしょく》*は「蜜酒」「万家春」などを醸造し、金陵（現在の南京市）の儒者辛思順は「辛秀才酒」を醸し、荊州（現在の武漢市）の士大夫田子《でんし》は「醇碧」を醸すなど、酒を愛した当時の社会様相が感じられる。

蘇軾 →p.144

3・元明清から現代まで――「白酒《パイチュウ》」の登場

元代に入ると、酒づくりは大きな転機を迎える。すなわち白酒という新しい勢力の登場である。黄酒を除けば中国でもっとも代表的な酒は白酒であり、また焼酒や白干とも呼ぶ。麦・米・高粱・とうもろこし・サツマイモなどを原料とする。麹によって糖化させ、発酵の後蒸留するというのがその工程だが、この蒸留法が白酒醸造の鍵となる。これらの酒は無色で透き通っているため「白」の名で呼ばれ、アルコール度数が高めで普通は四〇度以上である。

白酒がいつごろ出現したかについて、学界では諸説紛々である。ある学者は出土した青銅器に蒸留器があることから後漢に遡って起源を求め、またある学者は『斉民要術』の中に「酎酒」の文字があることから南北朝を起源とする。ある人は唐詩に「焼酒」の字句があることから唐代を起源とし、ある人は古墓の壁画から宋代や金代をその起源と考える。これらは説として提出されているとはいえ、

リス族の酒造り 高粱・粟などといっしょに煮詰める［雲南］

中国の酒の分類

種類	特徴など	代表するもの
黄酒	穀類を原料とした醸造酒。日本の清酒にあたる。原料と麹の種類や製法は地域や工場などで異なる。	元紅酒・加飯酒・善醸酒などの紹興酒（浙江・江蘇・福建）、沈缸酒・福建老酒（福建）、即墨老酒（山東）、吉林清酒（吉林・山東）
白酒	穀類を原料に、糖化・発酵させた後蒸留したもの。日本の焼酎にあたる。発酵期間の長いものは1年間。香りによる分類法もある。	茅台酒（貴州）、汾酒（山西）、五粮液・瀘州老窖特曲酒・剣南春（四川）、西鳳酒（陝西）、洋河大曲（江蘇）・二鍋頭酒（北京）、孔府家酒（山東）
葯酒（薬酒）	酒に植物系や動物系の薬材を入れたもの。梅酒・枸杞（くこ）酒・人参酒など。甲骨文の中に鬱金（うこん）の酒と見られる記載があり歴史は古い。	加皮酒・玫瑰露酒（天津）、竹葉青酒（山西）、人参酒（吉林）、甲魚（すっぽん）酒（河北）、蛤蚧酒・三蛇（ハブ・マムシ・コブラ）酒（広西）
啤酒（ビール）	ドイツ人が1903年、青島に初めて啤酒会社を設立して中国ビールが誕生。現在では数百のビールメーカーがあるといわれる。	青島ビール（山東）、燕京ビール（北京）
果酒	果実を原料としてつくる醸造酒と、白酒をベースに果汁を配合するものがある。杏・桃・いちご・桑の実・サンザシなど。	玫瑰香紅葡萄酒・煙台味美思（山東）、通化葡萄酒（吉林）

図9　茅台酒　1915年にパナマ万国博覧会で金賞を獲得。中国の代表的な名酒である。

中国の名酒の分布

いずれもまだ根拠に乏しい。もっとも信頼のおける説は、起源を元代とするものである。これに関して常に引用される有名な一段が、中国古代の著名な薬学書、明代の李時珍による『本草綱目』*「穀部」にみえる「焼酒は古法に非ざるなり。元時自《よ》り始めて其の法を創す」である。李時珍はこれに続いて、発酵後の酒にどのように蒸留を施せば純粋な焼酒を得られるかについて、その方法を具体的に述べている。

実は李時珍に先んじて、元代の李東垣が『食物本草』「醸造類」の中でほぼ同じ記述を行っている。この書物は後に李時珍が修訂を行っているので、当然ながら李時珍がこの語を後から書き加えた可能性はある。実証を重んじる科学者として、李時珍の言うことにはおそらく根拠があると思われるし、現在までの様々な調査でも元代以降になって白酒があらわれたことしか証明できていない。よって現在では中国酒という大家族の中で断然最上位に座っている白酒が、実はもっとも年若いニューフェイスであることがわかるのである。

またここからわかるのは、様々な文献で記載されている驚くべき酒豪たちの記録、たとえば一飲百杯であるとか数斗や一石という記録が、あながち誇張ばかりではないということである。つまりそのころの酒はアルコール度数が低く、それだけの量を豪快に飲むことが可能だったわけで、元代以降に出現した白酒のような強い酒では、ここまでの酒量を吹聴することはもはや不可能となる。

明清時期の造酒業も発展を続ける。一九九六年、遼寧省で清代道光年間（一八

『本草綱目』 52巻。明の李時珍著。動物・植物・鉱物約1900種について、名称・産地・形態・薬効・処方例などを記述し、歴代本草学を集大成したもの。

蛇膽酒［広東省広州市］

二一―一八五〇）の酒蔵が出土したが、内部には一五〇年以上前の古酒が四トンも貯蔵されており、蓋を開ければ酒の香り芳しく、今でも十分に飲用可能であった。現在これらの原酒を用い、一定の比率で調合された酒が「道光酒」の名で売られているが、通し番号をつけた限定販売となっている。清代の末頃には、現在の中国で見られる酒はおおよそ出揃った。一九一五年にパナマ万国博覧会で貴州茅台鎮の茅台酒が金賞を獲得して以来、茅台酒は中国の代表的な名酒として栄誉を得ている（図9）。

一九五二年、中国ではじめての全国評酒会が開かれ、八種の銘柄を中国の名酒として選出した。それぞれ白酒では茅台酒、瀘州老窖特曲*酒、西鳳酒、汾酒の四種、黄酒では紹興加飯酒の一種。葡萄酒では紅玫瑰（赤薔薇）葡萄酒、味美思酒、金奨ブランデーの三種である。これ以後一九六三年の第二回、一九七九年の第三回、一九八四年の第四回と新しいメンバーを増やし、一九八九年の第五回では十七種の名酒が選ばれた。それは、茅台酒（貴州）、汾酒（山西）、五粮液（四川）、洋河大曲（江蘇）、剣南春（四川）、古井貢酒（安徽）、董酒（貴州）、西鳳酒（陝西）、瀘州老窖特曲酒（四川）、全興大曲（四川）、双溝大曲（江蘇）、黄鶴楼酒（湖北）、郎酒（四川）、武陵酒（湖南）、宝豊酒（河南）、宋河糧液（河南）、沱牌曲酒（四川）で、すべて白酒である。このリストから窺えるのは、現在の中国では白酒が人気と地位を独占しており、伝統ある黄酒はすでにリスト外に転落して、一般的な大衆酒となっていることである。

紹興のいろいろな酒

*曲は麹

しかし近年、度数の高い白酒は健康を害することがあるという認識が広まり、黄酒も復活の勢いを見せつつある。第五回以後中国では正式な評酒会が開かれず、市場で喧伝される「名酒」の称号もやや随意に冠せられている感がある。一九九三年に「中国優質白酒精品推薦委員会」が政府の認可を経て正式に交付したリストには、なんと三一九種の酒が挙げられていた。現在、中国における酒の工場や銘柄は数え切れないほど多い、白酒や黄酒は言うに及ばず、葡萄酒やビールの消費量も世界のトップに名を連ねている。中国は酒の故郷であるが、まさしく酒の王国と呼ぶにふさわしい盛況を今も呈しているのである。

第二章　金樽　月に対す
——酒の飲み方

金蹙花毬小
真珠綉帯垂
綉帯垂
幾回衝鳳蠟
千度入香懐
上客終須酔
觥盂且乱排
皇甫松

「人生意を得れば須《すべから》く歓を尽くすべし、金樽をして空しく月に対せしむることなかれ」（李白*「将に酒を進む」）という。「酒は天の美禄」であれば、やはりこの天の賜りし無窮の恵みを存分に享受し、人生の楽しみを大いに謳歌するべきであろう。しかし古代中国では酒を飲むにも「礼」が重んじられ、飲んでルールを外れず、酔って乱れぬことが肝要、それでこそはじめて礼儀にかなった上品なふるまいとされた。ここからは酒器・酒政・酒俗の三つの面から、古代中国の人々がどのように酒を飲んだのか、そしてこれらの文化の中からどのような精神が見出せるのかを探ってみたい。

一、酒器——酒とともに楽しむ

古代中国の酒器において、その種類の多さと造形の美しさは世界最高の水準を誇る。これらを時代や材料によって区分すれば、だいたい以下のように分けられる。

1・暮らしぶりをしのばせる陶製の酒器

中国では、六千年余り前の新石器時代に早くも陶器が出現しているが、その中には当然ながら各種の酒器が含まれている。図10（三九頁）は陝西省宝鶏市北首嶺遺跡で出土した陶壺であり、仰韶文化に属する「泥質紅陶」である。口の部分がコップ状になっており、器身は横長、上がひろく下がすぼまっていて、船によく似た形をしている。両側面には黒彩で漁網状の図案が描かれ、まるで船端に網を掛けた漁船がこれから網を打つところといった風情である。両肩には小さな耳

李白　→p.131

いろいろな青銅製酒器

があしらってあり、紐を結んで携帯できるようになっている。この壺が出土したのは渭河にほど近い場所であるが、同じ遺跡の古墓において出土した陶罐の中からは魚の骨も発見されており、漁業が当時の人たちの重要な収入源であったことがうかがえる。魚があって酒があって、と当時の生活に思いを馳せると、この陶壺の気のきいたデザインを通して、持ち主の楽しい暮らしぶりが浮かび上がってくるようだ。

陶製の酒器は殷代以降あまり重要な位置を占めなくなってしまうが、しかし中国の長い歴史においていつも絶えることなく、現在に至るまで用いられてきた。陶製の酒器で酒をたしなむとき、今日の人々はそこに独特の素朴な古《いにしえ》ぶりを感じることができるのである。

2・技術の粋をつくした青銅製の酒器

青銅器文化は陶器文化の基礎の上に発展した新しい物質文明である。その起源は四千年前にまで遡ることができ、殷周の頃に盛んとなった。生産力の向上と青銅の鋳造技術の発達により、酒造技術は日増しに向上し、青銅製の酒器もそれまでになく盛んに作られるようになった。当時の青銅酒器の種類は非常に多く、用途によって分けるとすると、酒を注ぐためのものとして尊・彝《い》・罍《らい》・卣《ゆう》・瓿《ほう》・壺など、酒を温めるためのものとして斝《か》・盉《か》など、そして酒を飲むためのものとして爵・角・觥《こう》・觚《こ》・觶《し》・觴《しょう》・盃などがあった。そのほかに長勺氏・長尾氏など専門に酒器を製作する人々まで現れていた。

中国の酒文化という観点から見れば、青銅酒器がこのように大量に現れたことは、酒文化がすでにひとつの独立した社会文化現象として成立したことを示している。青銅器は当時権威の象徴とみなされていたため、多くは祭祀など儀式の場で用いられ、名前の上でも「礼器」とよばれていたし、また酒は主に貴族の飲むものであったから、この時代の文化において青銅の酒器は特別な意味が与えられていたわけである。現在知られている中で最も古い青銅の礼器は河南省偃師県二里頭遺跡*のもので、鼎・盉・斝・爵など十点余りある青銅器のうち爵が最も多く出土しており、酒器がほとんどを占めることは明らかである。

二里頭の銅爵の中で最も代表的なものが図11（三九頁、カラーは九八頁）に挙げた「乳釘紋銅爵」である。その名は正面中ほどに一列に並んだ五つの乳釘装飾による。上部にある二本の釘状の小柱は香料袋を掛けておくもので、殷周時代の青銅器には多くこうした工夫がなされている。この酒器は素朴な姿こそしているが、殷代の銅爵の中ではぬきんでて優れたものであり、その特徴は流（左側方形の注ぎ口）と尾（右側の尖った口）が非常に長いことにある。銅爵の流は酒を飲むための口であり、尾はバランスを保ち、且つ爵に酒を注ぎやすくするためのものである。普通は流・尾ともに適度な長さにとどめられるのだが、この銅爵の場合その幅（三一・五ミリ）は高さ（二二・五ミリ）をおおはばに超えている。さらにそれを支える三本の足が非常にほっそりしているため、我々現代人からすると頭でっかちの感を免れず、不均衡にうつる。しかしこれこそ殷初の青銅工芸が

二里頭遺跡　河南省偃師県にある殷代前期の遺跡。青銅器が出土し、宮殿の造営が確認された。

称賛に値する点なのである。なぜならこのデザインによってはじめて、延伸性に優れ破損しにくいという青銅の利点を充分にいかすことができるからである。これは陶器にはなしえないわざであった。こうした理由によりこの銅爵は中国の青銅酒器の代表的存在とされ、酒に関する多くの画集の中でしばしば巻頭を飾ることとなった。

青銅器は千五百年余りの発展過程を経た後、春秋後期の鉄器の出現によってついに歴史の舞台から退いていく。末期の青銅器はすでに礼器ではなく、諸侯や貴族の日常生活用具であったが、その豊富さと精美な装飾はまたひとつの絶頂を示している。ここで戦国時代の青銅酒器をもう一点見てみよう。

図12（三九頁、カラーは九八頁）は湖北省随県曽侯乙墓《そうこういつ》*から出土した「曽侯乙尊盤」である。これは一セットになった酒器で、尊を盤の中に置いて盤に氷を入れると、中の酒を冷やすことができるというものである。古代の文献記載によると、早くも周代には貴族の間で夏に冷酒を飲むことが流行している。この尊盤の存在は、遅くとも戦国時代までには原始的な「冷蔵庫」が出現していたことを証明している。しかし「曽侯乙尊盤」の価値はむしろ、これが先秦の青銅酒器の中で最も複雑な構造をもち、最も華麗な装飾を施された工芸品だという点にある。仔細に数えてみると、尊には二八の蟠龍《ばんりゅう》と三二の蟠螭《ばんち》（螭は角がない龍）、盤には五六の蟠龍と四八の蟠螭がひしめいて、その繊細な透かし彫りの蟠螭装飾は、至上の芸術品と呼ぶにふさわしい見事な精巧さを示している。専門家の研究によ

曽侯乙墓 湖北省随県にある戦国時代初期、曽国の有力者の墓。礼器、楽器、兵器、車・馬器、金玉器、漆木製工具、竹簡など1万5000余点の文物が出土した。

「失臘法」 ロウなどの加熱すると溶ける物質で原型をつくり粘土で包んで焼き、できた土製素焼きの鋳型に溶けた金属を流し込んで製品をつくる。

るとこれは「失臘法」*によって製作されたものであり、戦国時代にはすでに中国でこれほど複雑な鋳造技術が行われていたことをうかがわせる一品である。

3・秦漢のころに流行《はや》った漆の酒器

すなわち木の器の上に漆を塗って作る酒器であって、発明は大体五千年前になるが、春秋戦国時代から秦漢の頃にいたってようやく流行し始めたものである。漆塗りの酒器は見た目も良く、軽くて扱いやすいが、普通は酒を飲むさかずきとしてのみ用いられ、酒を注いだり温めたりする用途には使用できなかった。それでは同じく湖北省随県の曽侯乙墓から出土した「鴛鴦漆尊」(図13)を見てみよう。

これは木を素地にした木胎の漆尊であり、形状は鴛鴦《おしどり》が水に遊ぶ様子をかたどっている。体内に当たる部分はくりぬかれ、背中には蓋がつくられている。首は別の木材を使って彫り上げたものを胴体につなぎ、三六〇度自由に動かせるようになっている、といううまい趣向である。全体は黒漆で塗られ、その上から彩色文様を描いてある。もっとも趣のあるのは両脇に描かれた絵で、左側は鳥頭人身の楽士が手に長い棒を持ち、力いっぱい鐘を撞いて楽を奏でるさまが、そして右には一匹の野獣が太鼓をたたき、それにあわせて武士が舞うさまがそれぞれ描かれている。この墓からは大量の精巧な青銅酒器や食器が出土し、また有名な編鐘が発掘された。推測するにこの墓の主は生前、美酒佳肴に舌鼓をうちつつ素晴らしい音楽を楽しむ、という豪華な生活を送っていたのであろう。『梁書』*「劉杳伝」には「古《いにしえ》は樽・彝は皆木を刻して鳥獣を爲し、頂及び背を鑿ちて以て酒を出たし

編鐘　短架(左側)長335cm　長架(右側)748cm　総重量2567kg　曽侯乙墓出土　湖北省博物館蔵

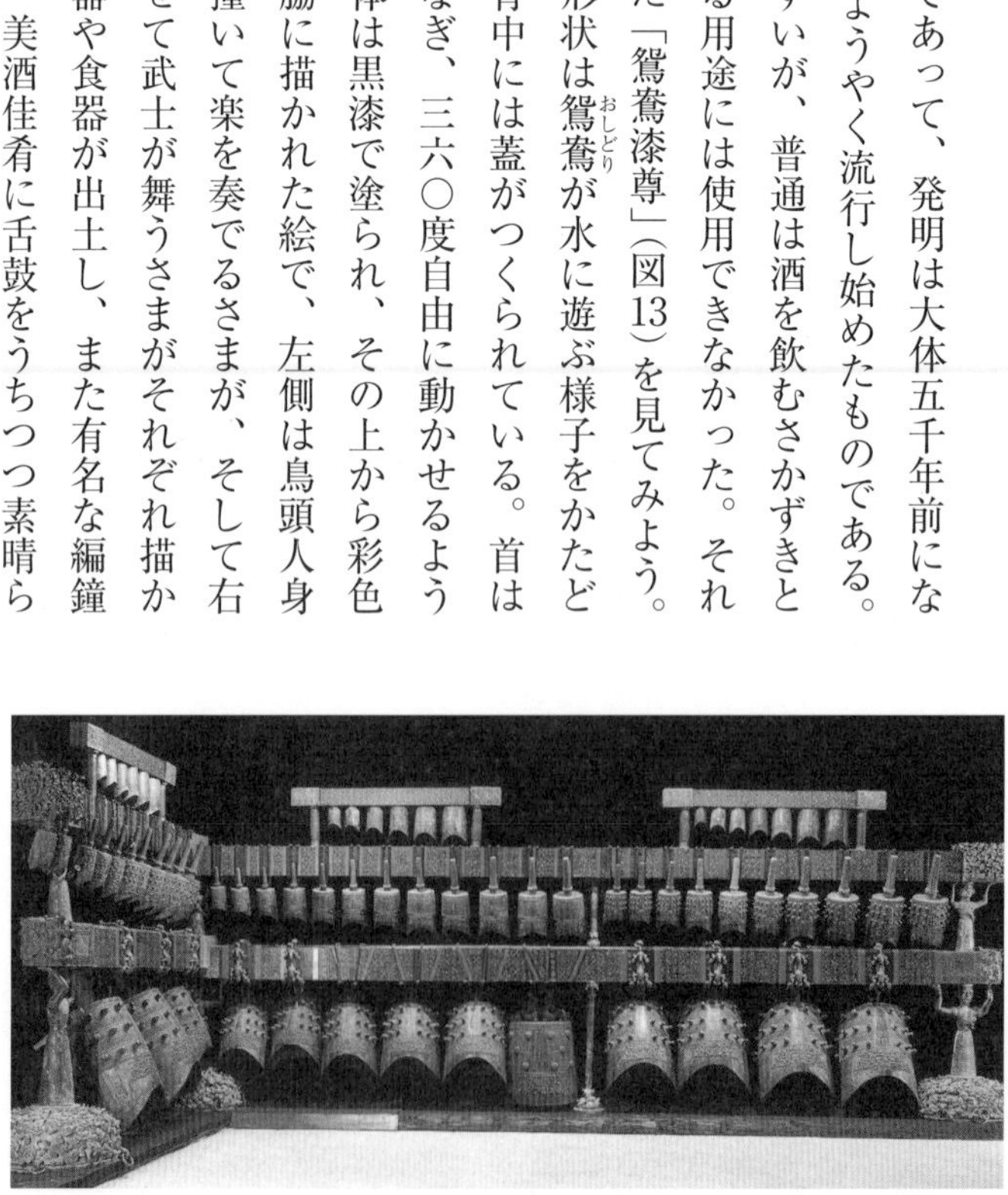

『梁書』　56巻。南北朝時代、梁の正史。

図12　曾侯乙尊盤　戦国時代　尊高30.1cm　盤高23.5cm　曾侯乙墓出土　湖北省博物館蔵　尊を盤に置いて盤に氷を入れ、中の酒を冷やす。周代の貴族の間では夏に冷酒を飲むことが流行したという。

図10　彩陶船形壺　土製　新石器時代　高15.6cm　長24.8cm　陝西省宝鶏市北首嶺出土　中国歴史博物館蔵　同じ遺跡から魚の骨もみつかっており、酒と魚のある暮らしが想像できる。

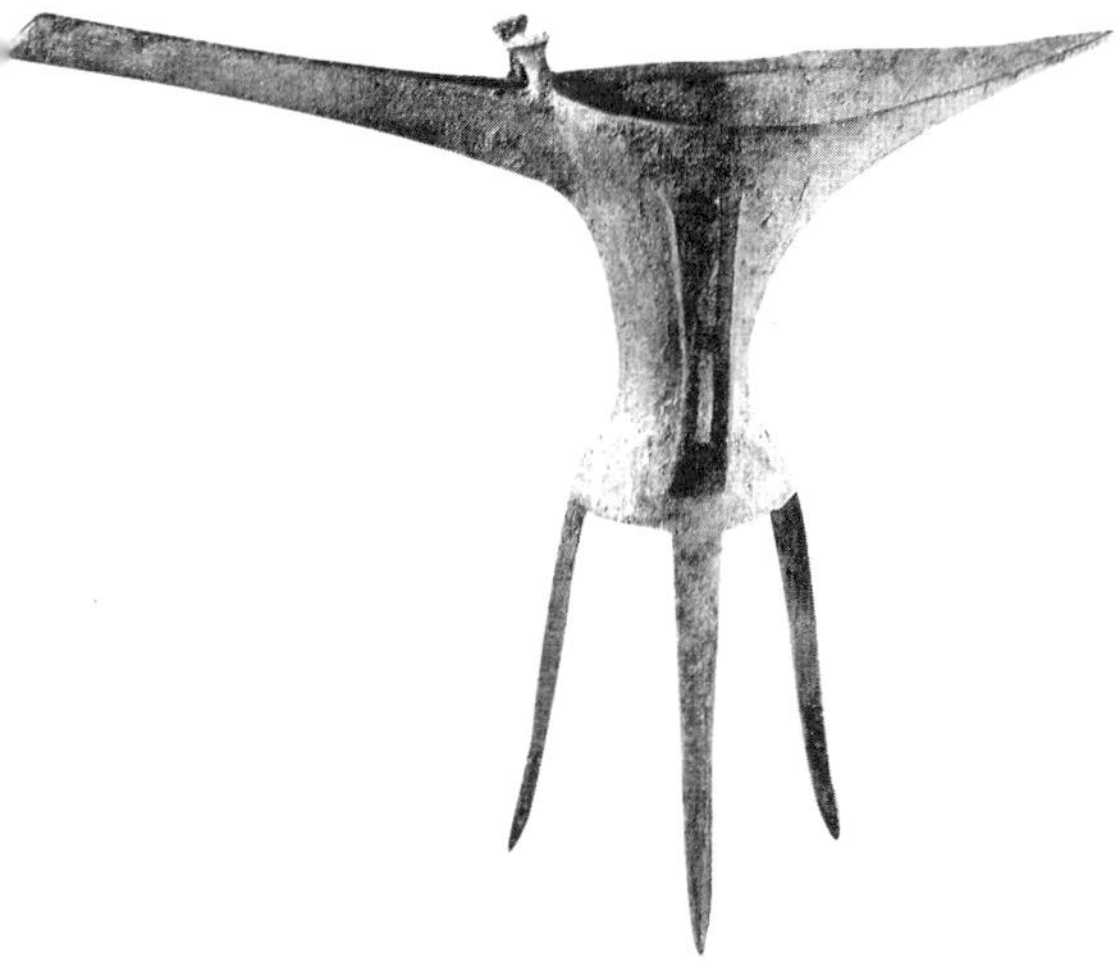

図11　乳釘紋銅爵　青銅　殷代初期　高22.5cm　河南省偃師県二里頭出土　偃師商城博物館蔵　一見不均衡に見えるが、陶器と違って破損しにくい。

図13　鴛鴦漆尊　春秋戦国　長20.1cm　幅12.5cm　高16.5cm　曾侯乙墓出土　湖北省博物館蔵

鴛鴦漆尊右側図案

内《い》*るるなり」とあるが、この鴛鴦漆尊はまさしくこのとおりのかたちをしている。

酒杯として代表的なのは、漆羽觴である。羽觴とはふつう酒杯の両側が鳥の翼のような形になっているものを指し、一説には杯に鳥の翼をつけることで早く飲むことを促すのだという。古くは羽觴も杯（或いは梧、棓、盃とも書いた）と呼ばれ、今では習慣として耳杯と呼ばれている。有名な湖南省長沙市の馬王堆《まおうたい》漢墓*では九〇点の漆耳杯が出土しており、そのうち真ん中に「君幸酒」と書かれているのが酒杯で、「君幸食」と書かれているのが食器である（図14）。

漆の酒器は漢代以降急激に衰退し、こののちは磁器製の酒器が最も盛んに用いられるようになる。

4・中国ならではの磁器製の酒器

磁器は陶器から発展したものであるが、違いは釉薬をかけることと高温で焼くことにあり、そのため陶器よりも美しく、かつ使用に耐える。現在知られている中国で最も古い磁器は殷代の原始的なもので、多くは酒尊である。春秋戦国時代、磁器は陶器から分化して独立した工芸となった。南北朝のころにおおむね陶器にとってかわったあと、唐宋期にはさらに発展して盛観を呈し、中国の対外貿易の主役をつとめた。西洋各国の中国に対する認識は往々にして磁器と結びついており、「china」というその英語名もこれに起因するものである。

磁器製の酒器の中国における歴史は同様に古く、その内容は非常に豊富である。ここでは早期の代表作二点を選んで鑑賞してみたい。

＊内は納に通ずる

馬王堆漢墓　湖南省長沙市馬王堆にある前漢初期の墓。帛書・漆器・楽器・玉印などの工芸品が出土。木槨墓から初代軑侯利蒼とその妻子と見られる遺体が発見され、夫人の遺体の良好な保存状態が注目を浴びた。

青白釉人形磁注子　北宋　高23.9cm　安徽省懐寧県出土　懐寧県文物管理所蔵　酒をつぐ人形の徳利

図15　神獣青磁尊　西晋　高27.8cm　江蘇省宜興市出土　南京博物院蔵　迫力のある神獣である。

図14　酒杯と食器　漢代初期　馬王堆漢墓出土　湖南省長沙市　湖南省博物館蔵「君幸酒」とあるのが酒杯。出土した漆盤の中には、牛の骨や魚の骨を盛ったものもあった。

図16　鳳首龍柄青磁壺　唐　高41.2cm　口径9.4cm　北京故宮博物院蔵　胡人舞踊図はササン朝ペルシャの金銀器によく描かれる。西洋との交流がみてとれる。

図15は江蘇省宜興市で出土した「神獣青磁尊」というもので、西晋の青磁の名品である。デザインは神獣をかたどっており、腹を突きだしてうずくまり足を投げ出している。両目はぎょろりと飛び出し、首はふりあげ、口には宝珠をくわえている。この尊は高さ二七・八センチしかない小さなものだが、その迫力は六朝の陵墓にある巨大な石刻と比べても見劣りしない。

図16（カラーは一〇六頁）の「鳳首龍柄青磁壺」は唐代に作られた酒壺で、現在は北京故宮博物院に保存されている。この壺の独創性は鳳の首をもって蓋としたところで、このため一見すると壺自体が首を伸ばした鳳凰の姿に見える。取っ手は龍のかたちで、これもまた一匹の蛟龍が一杯ひっかけようかと壺の中をのぞき込むかのようだ。龍と鳳とはともに中国の伝統的な吉祥シンボルであり、これらがかくのごとく巧妙に渾然一体となっているさまは、絶品と呼んでよかろう。実はこの壺の価値はもう一つある。これは当時の中国と西洋の文化交流の結晶でもあるのだ。壺身のデザインはペルシャの胡瓶にとったものだし、腹部をとりまく六つの胡人舞踊図には、長い布を肩にかけ、胸をはだけ腹を露わにした躍動感溢れる胡人が描かれているが、これもササン朝ペルシャの金銀器によく描かれる舞踊図である。さらに葡萄・小鳥・月・星などの装飾文様はギリシャ芸術の色合いを帯びる。唐代の永泰公主墓*石刻の中には、従者が両手で鳳頭壺を捧げもつ姿が描かれているが、その壺のデザインや文様は故宮のそれとよく似ている。

以上の四種は、中国古代社会の生活において主導的地位を占めたことのある、

永泰公主墓石槨線刻画拓本　唐
西安碑林博物館蔵

永泰公主墓　唐中宗の七女、17歳で死んだ永泰公主の墓。706年乾陵に陪葬された。多数の副葬品や壁画が出土。

主な酒器であった。その他にはどのような酒器があったのかをこれから見ていこう。

5・薄くてもろかったガラス製の酒器

古代中国ではガラスを碧琉璃・琉璃・頗黎と呼び、西周時代には早くもガラス製作の技術が習得されていた。さらに春秋戦国時代には、美しい文様のガラス玉装飾品が出現している。現存する最古のガラス製酒器は、河北省で出土した前漢の耳杯である。しかし古代のガラスは薄くてもろく、出土したものはおおかたすでに粉々の状態で、このため現在まで保存されているものは少ないのである。今日我々の目を楽しませる数多くのガラス製酒器は、主に清代以降西洋のガラス技術が入ってから発展してきたものである。

6・高価な工芸品、金銀製の酒器

金銀は高価な金属であるがゆえに、つねに工芸品の材料として珍重されてきたが、もちろん酒器も例外ではない。

図17（カラーは一〇三頁）の「舞馬銜杯銀壺」は陝西省西安市何家村に出土した唐代のものである。壺身の舞馬図は鋳型で打ち抜いてつくられている。たてがみに綬をなびかせた馬は、口に酒杯をくわえて前足を斜めにつっぱり、後足は折り曲げ、尾をたかくはね上げていて、ちょうどこれから蹄をふるって踊りだそうとしているところに見える。実はこの独特のデザインは、まさしく当時の舞馬祝典の様子をうつしとったものなのである。『明皇雑録』や『新唐書』「礼楽志」などの記載によると、唐の玄宗*李隆基の在位中には、毎年彼の誕生日である八月十

図17　舞馬銜杯銀壺　唐代　通高18.5cm　口径2.2cm　陝西省西安市南郊何家村出土　陝西省博物館蔵

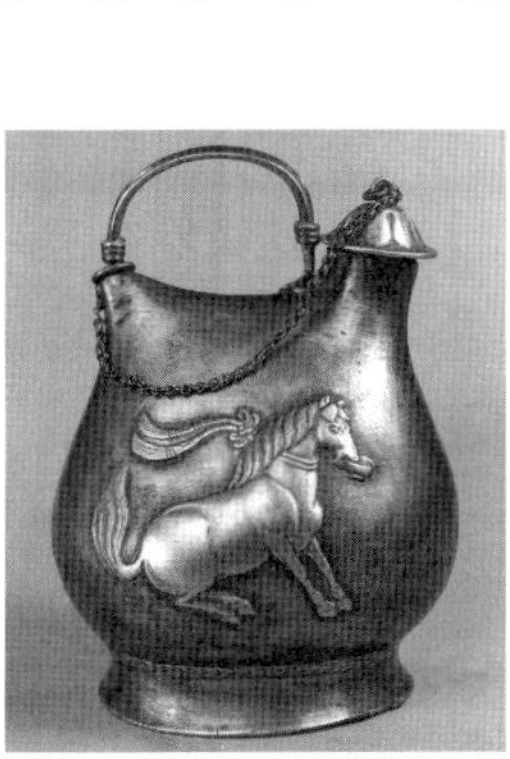

玄宗　げんそう［685–762］唐第6代の帝。はじめは善政を行ったが、楊貴妃を愛し政治を怠って安史の乱を招いた。

五日になると、興慶宮の勤政楼の前において舞馬宴会のかたちで祝賀が行われた、とある。その趣向は日頃からよく訓練された馬四百頭に綺羅を着せ、たてがみには金銀宝珠を飾り立て、整然と隊列をつくらせる。若き楽士達がおもむろに「傾杯楽」を奏ではじめるや、千六百の蹄がいっせいに鳴り響き、拍子にあわせて一糸乱れぬ動きで舞い始める。そして宰相張説*が『舞馬楽府』『舞馬詞』などで描くところによると、クライマックスには舞馬たちが口に酒杯をくわえ、楽のリズムに合わせて踊り、玄宗皇帝への祝意を示すのである。

7・珍重される玉《ぎょく》製の酒器

中国の文化において、玉は非常に好まれ、また珍重される存在であり、その珍重ぶりは他の国にはなかなか見られないほどである。玉器が出現したのは七千年余り前の新石器時代とされる。発掘された中で最古の玉製酒器は漢代のものであるが、『礼記』「曲礼」には「玉爵に飲む者は揮わず」とあり、周代にはすでに玉製の酒器があったことがわかる。この後も絶えず作られ、明清にいたって最も盛んに製作された。図18（四七頁）の「金托玉爵」は明代万暦帝定陵*の棺内から出土したものである。新疆ウイグル自治区の和田《ホータン》に産する白玉を精製して用い、金の台の上にも宝石を贅沢にあしらい、出土した玉爵の中で最も高価な逸品として知られている。しかしここで紹介したいのはむしろもう一点の、これもまた別の意味において中国随一の品、すなわち中国で最も大きな玉製の酒器である。

図19（四七頁）の「瀆山大玉海」は、現在北京の北海にある承光殿玉瓮亭で展

張説　ちょうえつ［667–730］
盛唐の政治家・詩人

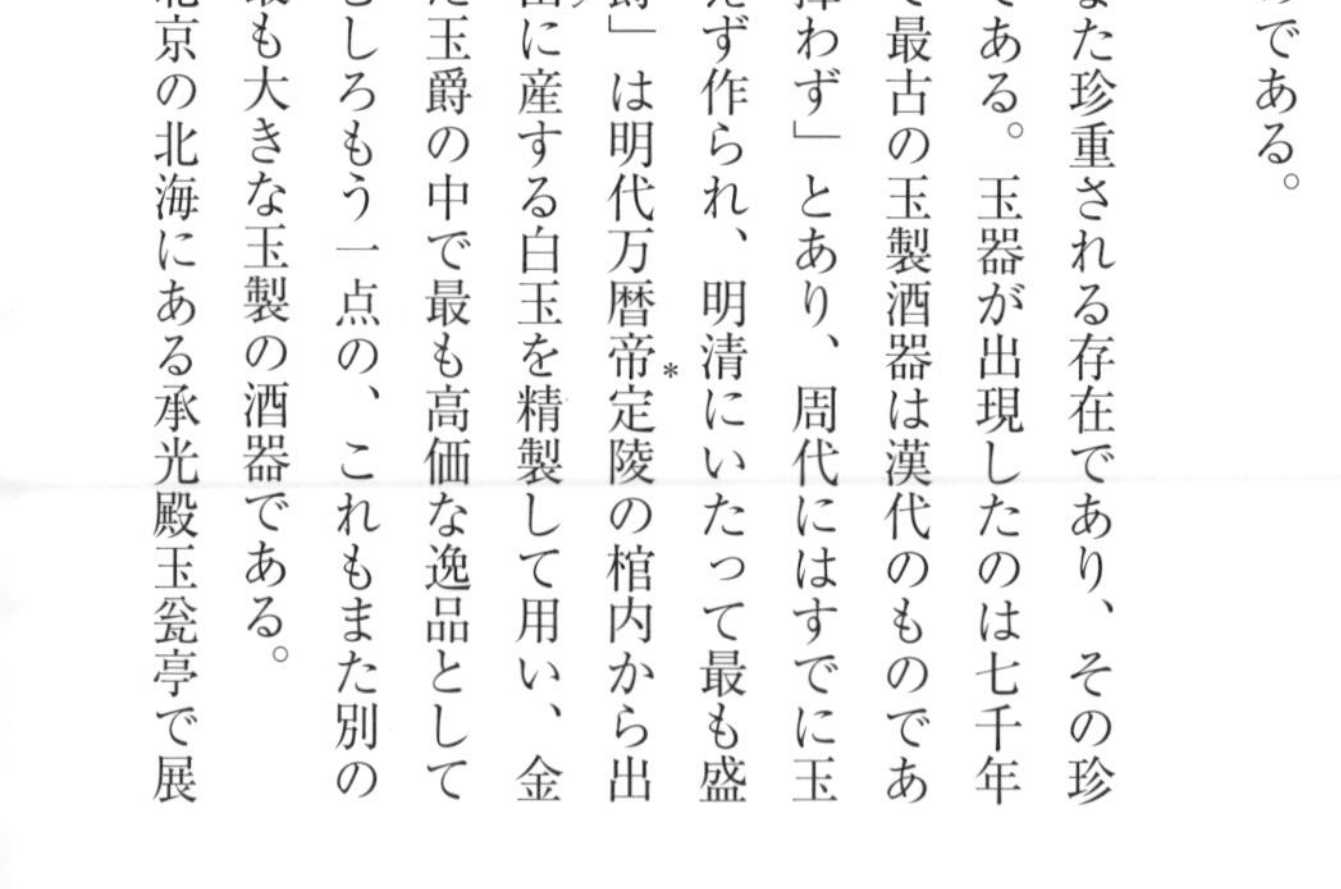

「大駕鹵簿図書」部分　北宋　全巻51.4×1481cm　「鹵簿」は皇宮儀仗隊を指す。図中の馬は2873頭。宋仁宗の時の「図記」10巻に基づく。

示されている。元代至元二年（一二六五）作と伝えられるこの酒器は、黒地に白いあやのある新疆産の大玉石を精緻に彫刻したものである。激しい波濤が遍くうねるなか、龍・鹿・馬・犀などの神獣があいだに見え隠れするという趣向の楕円形の器で、口は長さ一八二センチ、幅一三五センチ、器の深さ五五センチ、重さは三五〇〇キロという見る者をして嘆息せしめる大きさ。まさに中国の有史以来、そしてもちろん全世界でも最大の玉製の酒器である。

この大玉海をめぐってはおもしろいエピソードが語られている。この巨大な玉器はもともと元の皇帝フビライ*が元帝国の強大さを知らしめんとして製作し、北海にある瓊島頂上の広寒殿に安置したものであった。しかし元、明と王朝の変遷を経るうちに、いつしか王宮を出て民間に流れ、西華門外にある真武廟の道士に漬け物を漬ける甕として使われていた。それが清の乾隆年間に発見され、乾隆帝*の命によって高値で買い戻されて承光殿に置かれたのである。玉海の内側には乾隆帝による序文と三首の詩が彫りつけられた。その序に曰く、

> 玉に白章有り、其の形に随いて魚獣の波濤に出没せる状を刻し、大なること酒三十余石を貯すべく、蓋し金元の旧物也。曾て万歳山広寒殿の内に置き、後に西華門外真武廟の中に在りて、道人菜瓮と作す。……命じて千金を以て之に易え、仍お承光殿中に置かしむ。

とこの国宝の数奇な命運を概述している。

おもしろいことに、この玉海にはもともと玉の台座があったのだが、乾隆の頃

万暦帝　まんれきてい［1563–1620］明朝の第14代皇帝

フビライ　［1215–1294］元の初代皇帝、モンゴル帝国の第4代の皇帝。チンギス・ハンの孫。

乾隆帝　けんりゅうてい［1711–1799］清の第4代皇帝。康熙帝・雍正帝に続く清朝の最盛期、広く帝国の版図を広げ、学術を奨励して多くの欽定書を編纂させた。

にはその行方がわからなくなっており、新たに乳白色の玉座を加えた。ところが一九八八年になってもとの玉座が北京宣武区の法源寺から発見され、前述のエピソードにさらに興味深い後日談を付け加えたのであった。

8・珍しい材料を用いた酒器

中国古代の酒器には、この他にも象牙（カラー九八頁）や犀の角、瑪瑙《めのう》、水晶など珍しい材料で作られたものがある。図20の「鑲金牛首瑪瑙杯」は陝西省西安市何家村で出土した唐代の文物である。この杯は深紅の瑪瑙を彫刻して作られており、デザインは古代の角杯の伝統を受けついでいる。もっとも古い時代、人々ははじめ獣の角をそのまま酒の杯として用いた。のちの殷代の王陵からは青銅の角杯が、そして漢代の越王墓からは玉の角杯が出土しているが、どれも獣の角の形状を模倣したものである。図20に戻ると、この酒杯の下部は牛の頭の形を模し、その口には金があしらわれ、目はまん丸くみひらき、耳は後ろへぴたりと寄せた造形となっている。角は湾曲して後ろへ伸び、持ち手にちょうどよいかたちだ。全体としては上手に瑪瑙のもとの色と文様を利用しているので、ちょっと見たところでは本当に牛の角の先端部分で製造したかに見える。

この他に、竹や木など他の普通の材料を用いた酒器については、それこそ多種多様であり、非常に多く作られている。

9・斬新な趣向の酒器

昔の人々は酒器とのかかわりのなかで、もっと大胆に想像力をはたらかせるこ

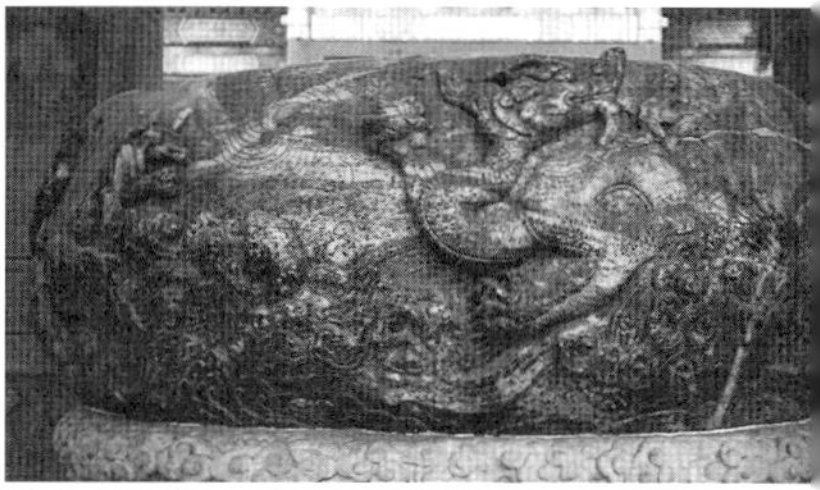

流山大玉海

図19　酒器「流山大玉海」　元代　口径182cm　重さ3500kg　北京北海承光殿玉瓮亭　もとはフビライが強国を誇示するためにつくられた。玉海の内側には乾隆帝によってここに至るまでの数奇な流れが記されている。

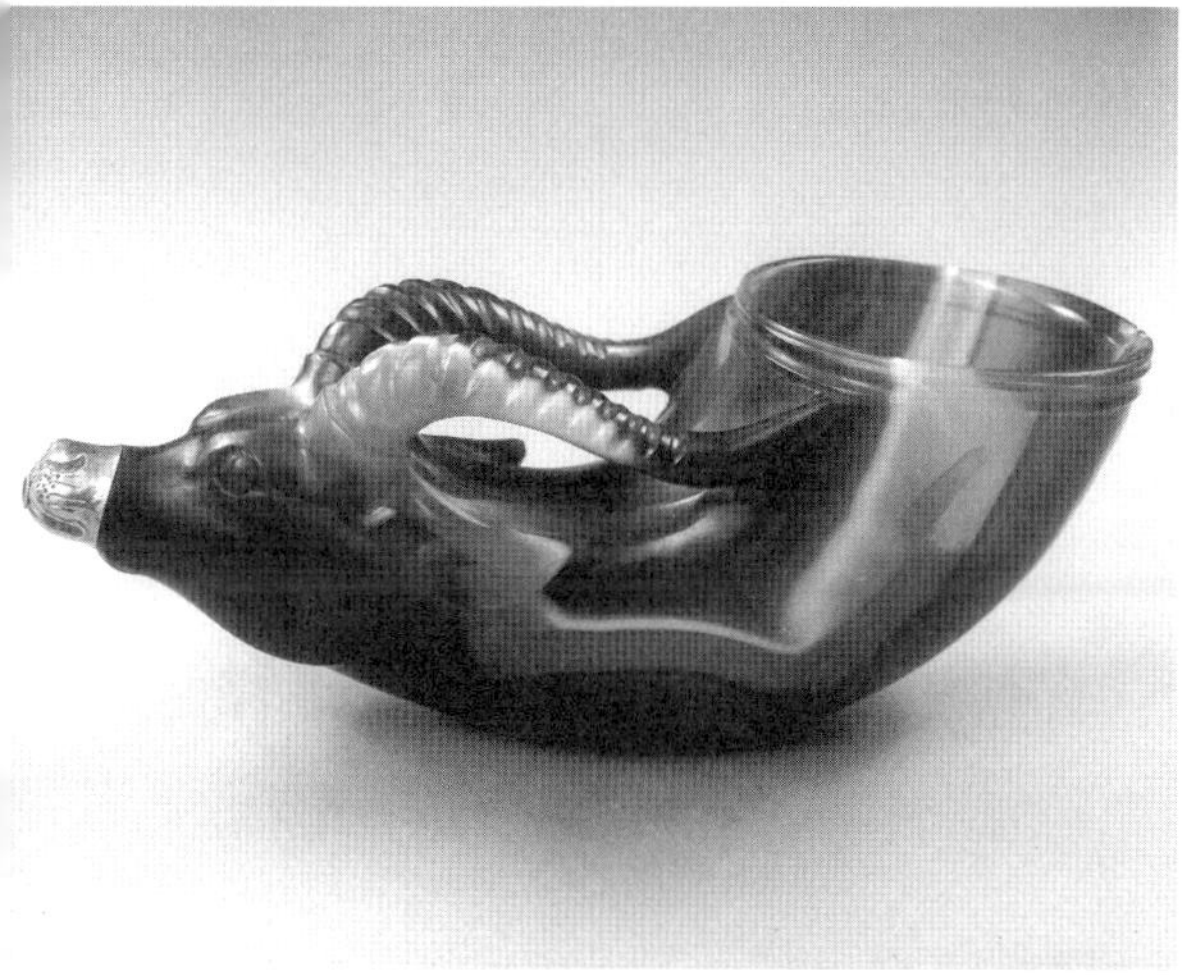

図20　鑲金牛首瑪瑙杯　唐代　高6.5cm　長15.6cm　陝西省西安市南郊何家村出土　陝西省博物館蔵

図18　金托玉爵　明代　高11.5cm　北京市十三陵定陵出土　定陵博物館蔵　金の台の上にも宝石をあしらった贅沢なもの。

ともあった。いままで述べてきたような、さまざまな材料でつくるきちんとした形の酒器の他にも、人はしばしばその場の趣にしたがって心の欲するままに、常識をやぶっていつものやり方を変え、それによって酒の興趣を高めることがあった。たとえば東晋の陶淵明*は、新しく醸した米の酒に滓が多く残り、しばし待たなければ飲めないというのがどうしても我慢できずに、頭にかぶっていた「葛巾」、すなわち粗布の頭巾で漉して飲んでしまったという。彼のこだわらない放縦な性格がよくあらわれたエピソードといえよう。図21（カラーは一〇五頁）は明代の丁雲鵬が描いた「漉酒図」で、その発想は陶淵明から得たものだろう。

また唐の玄宗に寵愛を受けた虢国《かっこく》夫人は、鹿の腸を梁に吊させ、上から酒を注ぎ入れて、飲むときには下端をほどけば酒が杯の中に注ぎ込むという仕掛けをこしらえ、「洞天瓶」（天に通ずる瓶）と美称した。度外れた享楽の追求の裏からは、すさんだ荒淫の雰囲気がただよってくる。元代の楊廉夫らが女性の纏足に履かせる小さな刺繍の靴で酒を飲んだ例などは、すでに一種の変態心理のなせるわざであって、詳しく説明する必要もないだろう。

清代の梁紹壬は『両般秋雨庵随筆』のなかでこんな言葉を残している。「行酒は碧筒を以て最も雅と為す、靴杯は則ち俗なり。」最も「俗」な靴杯とは正反対に位置する、古代最も「雅」な酒杯とは、すなわち「荷葉杯」（蓮の葉の杯）であった。

早くも三国魏の正始年間（二四〇―二四八）には、鄭公慤《かく》が蓮の葉を酒杯とし

陶淵明 →p.118

図21 丁雲鵬「漉酒図」部分 明代 137.4×56.8cm 上海博物館蔵

西湖の蓮［杭州］

図22　尤侃「荷葉杯」　明代　高9.5cm　長14.9cm　蓮の葉の形状を模したもの。唐宋時代の文人たちは蓮の葉を杯にして酒を楽しんだ。

図23　陳洪綬「隠居十六観図冊」　清代　台北故宮博物院蔵　持っているのは本物の葉である。

て用いている。その方法はまず蓮の葉と茎の接点に穴を開けて通し、茎を象の鼻のように湾曲させる。そして葉の中に酒を注ぎ、茎からそれを啜るのである。よって名を「碧筩杯《へきとうはい》」と呼び、後世ではまた「碧筒杯」「荷葉杯」「荷爵」とも称した。この独特の飲み方は、唐宋時代には文人に普遍的な楽しみとして流行した。杜甫*・白居易*・蘇軾*らはみなこれを詩に詠んでいるが、なかでも蘇軾のものが格別の思い入れを示している。林洪『山家清供』「碧筒酒」の項には宋代杭州の文士達が興じた船遊びの様子を記す。人々は蓮の葉に酒を注ぎ、同じく蓮の葉で塩漬けの魚を包んでおいてから、船を浮かべて蓮を賞《め》でた。船を戻す頃には、暑い折のこととて酒の香りがたちのぼり、塩漬けの魚はいっそう食べ頃に熟して、宴にちょうどよい塩梅となっていたとのことである。これを蘇軾は「碧筩　時に作る　象鼻の湾、白酒　微かに帯ぶ　荷心の苦」（「城南に舟を泛ぶ」）と詠み、この独特の香りを賞賛した。彼は杭州の知事であったときにこれを愛しただけでなく、のちに海南島へ左遷され、困窮のあまり酒器を売り払うほどの状況に追い込まれた時ですら、往時の風雅な思い出をいっぱいに湛えたこの荷葉杯だけは手放さなかった。もちろんこの時所有していたのは本当の蓮の葉ではなく、蓮の葉の形状を模した酒杯である。図22は明代・尤侃の手になる荷葉杯であり、犀の角が用いられているが、図23は清代・陳洪綬が描いた酒飲みの自画像で、持っているのは本物の蓮の葉である。

　ご多分に漏れず、荷葉杯による飲酒の楽しみも日本に伝わっている。明治に入

杜甫　とほ ［712–770］盛唐の詩人。若い頃に李白らと親交を結ぶ。四〇歳を過ぎて仕官したが、左遷されたため官を捨て、以後家族を連れて甘粛・四川を放浪し、湖南で病没。李白を詩仙というのに対し、詩聖と称される。

白居易　→p.140
蘇軾　→p.144

って鎖国が解けると、中国と日本の文人の往来は自由になった。清末の文士陳曼寿*が日本を漫遊した際、『日本同人詩選』という書物を編んでいるが、これは中国の文人が編者となったはじめての日本漢詩集でもある。その巻の四におさめる小山朝弘の詩を見ると、「碧筒もて伝飲するは歓娯に足る」の一句がある。これに加えた陳曼寿の評は、「是の日伊勢氏は碧筒を用いて伝飲す、真情実景にして、虚説と同じからず」と述べる。こうした文人ならではの高雅な楽しみは、本家の中国ではもはやなかなか見られないものであったがゆえに、彼の目にはなおさら新鮮に映ったことであろう。こういう遊びはいまでも行われており、図24は現代日本人が再現した「象鼻飲」である。

二、酒政——酒の飲み方

酒政はまた「觴政」ともいい、用語としては漢代の劉向による『説苑』「善説」に見える。もとは酒席で酒令（酒席において興を添える遊び）を取り仕切る「令官」を指す言葉であったが、のち普通には「觴政」で酒令そのものを指すととられるようになった。しかし明代の袁宏道による『觴政』という飲酒を論じた名文を見てみると、その中には吏・徒・容・宜・遇・候・戦・祭・刑典・掌故・刑書・品・杯杓・飲儲・飲飾・歓具など十六条の内容が述べられ、飲酒の礼儀に関する様々な方面が含まれていることから、「觴政」という言葉の意味の外延がすでに大きく拡大していることがうかがえる。この第二節においても、「酒政」す

陳曼寿 ちんまんじゅ［1825－1884］清の書家。浙江省の人。名は鴻誥。篆書・隷書を能くした。

図24 日本でも各地で、蓮の葉に酒を注ぎ茎から味わうという「象鼻杯」の催しが行われる。

なわち「觴政」は、昔の人々の飲酒にまつわる様々なきまりごと、簡単に言ってしまえば「酒の飲み方」を全般に指すこととしたい。

中国は古来より「礼儀の邦《くに》」であった。酒を飲むと人間は興奮して失態を演じやすいから、なおさら種々の礼儀作法によって制約を加える必要があった。『詩経』*「小雅・賓之初筵《ひんししょえん》」は、酒宴の様子を事細かに記した最古のものと言ってよい詩であるが、その中では酒を飲んでいる人たちの様子や酒癖について、褒貶さまざまな評価が下されている。また儒教の経典である『礼記』*においても多くの章が飲酒に関する注意事項を詳細に記しており、例えば君臣が共に飲酒する時、それぞれがどのような酒器を使うべきか、主客はそれぞれどの席に座るべきか、飲む量はどれくらいにとどめるべきかなどを知ることができるが、ことに祭祀の場における飲酒のきまりごとは非常に煩瑣であり、ここでいちいち紹介することは不可能であるし、その必要もないであろう。ここからは昔の人々が酒を飲むとき一般的に守っていた、そして今に至るまでその影響が残っている基本的な習慣について、説明を加えながら少し紹介していこうと思う。

1・酹酒《らいしゅ》――地に酒をそそぐ

酹酒とは酒を地面に酹《そそ》ぐことであり、もとは祭祀における儀礼の行程の一つであった。これは酒が古代において何よりもまず神を祀り祖先を祭ることに用いられたためである。朝廷が王室の宗廟を祭る際にも、また民間でその家の先祖を祭る際にも、各種の祈祷が捧げられたのちには、かならず酒を地面に注いで祭祀を

『詩経』 中国最古の詩集。前9世紀~前7世紀の歌謡305編を収める。「風」「雅」「頌」の三部に分かれる。

『礼記』 49編。成立年代不明。儒家の経典で、五経の一。戦国時代・秦・漢初の、礼についての解説・理論を述べたもの。前漢の戴聖が古い礼の記録を整理したものといわれ、「小戴礼」ともよばれる。

終結し、祭祀に参加した人々はそのあとでようやく宴を始めることとなっていた。酹酒には当然ながら一定の格式がある。うやうやしく厳粛な態度で臨み、手には杯を高く捧げもち、口の中で祈祷の言葉をつぶやきながら、まず酒を左、真ん中、右の三点に注ぎ、最後に残った酒で半円を描くように注ぐ。明代の徐複祚『三家村老委談』によると、こうすることで酒を「心」の字の形に注ぐことができ、心をこめて祭祀を執りおこなっていることを示すのだという。

のちにこの習慣は次第に拡大し、祭祀だけでなく一般の酒宴の前にもしばしば酹酒の礼が行われた。実は漢民族のみならず、少数民族にも同様の習俗がある。例えば西南地域一帯の苗族が酒を飲むときには、通常席上の最年長の人間が指に酒をつけて天と地にそれぞれ向けてはじき、これによって天地への敬意を示したあとでようやく、みなが心ゆくまで酒を楽しむのである。

2・斟酒《しんしゅ》――酒席の基本

斟酒、すなわち酒を杯に斟《く》むという行為は酒席で行われるものであるから、まずは昔の酒席の基本的な様子を明らかにしなければならないだろう。我々が今日言うような「酒席」という言い方は、実は古代の筵席（＝宴席）から引き継がれてきたものである。古代において酒を飲む時には、当初は地面に座って飲むのが普通であった。「筵」も「席」も地面に敷く敷物であり、「筵」は蒲《がま》や葦《あし》などの太い草で編んだ面積の大きいもの、「席」は芭蕉などの細い草で編んだ面積の小さいものを指す。酒を飲むときにはまず筵を地面に敷き、それから参加者の地位や身分の違いによって席を敷いた。また殷周時代の筵席の制度は非常に厳格であった。『礼記』「礼器」には「天子の席は五重、諸侯の席は三重、大夫は再重（＝二重）。」とあり、きまりを外れて勝手に席を加えることは有罪であった。普通の庶民の場合なら、客をもてなす時に席を一重加えれば充分面目がたった。だから酒宴に参加すること自体を「席に座す」と言うのである。図25（五七頁）は宋代の馬和之の作とされる『詩経』「小雅・鹿鳴」の「詩意図」で、人々が地べたの席に座って酒を飲んでいる。

　漢末魏晋のころになると、座るための「榻《とう》」が新たに登場する。榻は低くて脚の太いもので、二〜三人で掛けるものもあれば一人で座るものもあった。酒を飲むときには榻の前に食事用の小テーブルである食案を置く。食案は一人掛けの榻より少し小さくて背の高いものである。

　唐代に至ると、酒席の腰掛けはまた次第に高くなり、椅や凳《とう》*へと進化した。筵や席という言葉はまだ用いられていたものの、もはや昔の意義を失っていた。図26（カラーは一〇二頁）は陝西省長安県で出土した中唐時期の韋氏家族墓室壁画である。中央には長方形の大きな案の上に杯や皿が並べられ、周囲の九人はみな脚の短い榻に腰掛けており、腰掛けへの移行が表れている。さらに五代の画家顧《こ》閎中《こうちゅう》の描く名画『韓熙載夜宴図』図27（カラーは一〇二頁）では、長机や椅子などが画中に描かれ、現在と大きな差は無い。

　現在の中国人が最もよく使うのは四角形の卓であり、普通はそれに八人が腰掛

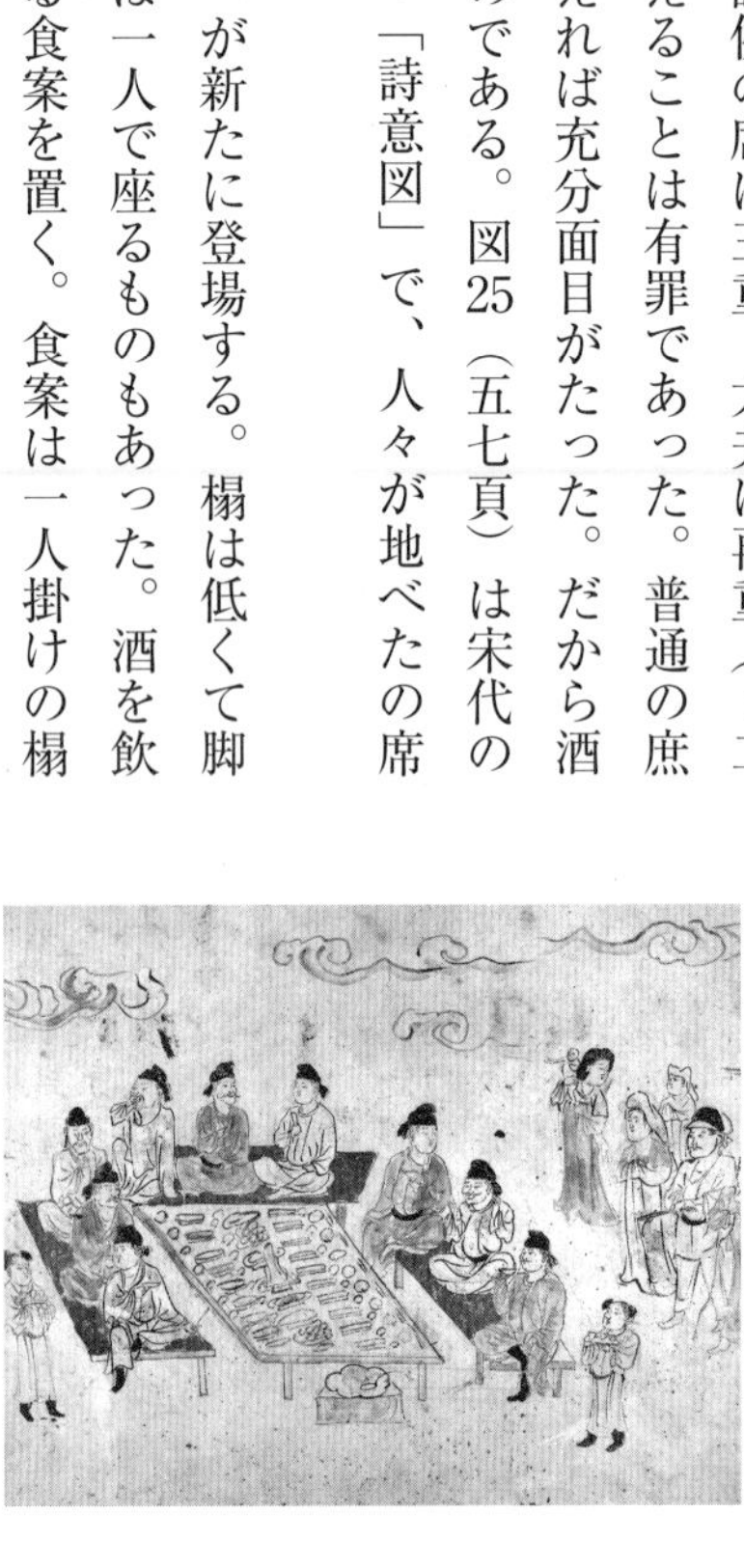

図26　韋氏家族墓室壁画　中唐
高180cm　陝西省長安県出土

凳　背もたれのない腰掛け

図27　顧閎中「韓熙載夜宴図」部分　五代　28.4×335.5cm　北京故宮博物院蔵

けるので、俗に「八仙桌《はっせんたく》」と呼ぶ。恐らくだいたい明代に至ってから現れたものであろう。また清の康熙帝・乾隆帝の頃には円卓が出現した。一つの卓の許容人数はさらに自由になり、また円には団欒の寓意もあるため、次第に普及した。実は円卓の流行にはもうひとつ大事な理由がある。それは座席の序列があまり厳密でないということである。席順は礼儀を重んじる中国文化において最も重要なものであった。

古代の酒宴では、参加する者の身分の違いによって、当然席次の問題が発生する。王室による宴席、群臣の会飲、こうした場合のきまりごとは非常に厳しいものだが、ここでは詳しく語らないこととし、普通の正式な酒宴ではいったい身分の上下に応じてどのように席順を決定したのかを述べよう。なぜなら酒を斟《く》む順序もこれによって決定されたからである。

『礼記』「郷飲酒義」の記載から上古の規定を見てみると、客人は西北に座り、顔を南に向け、主人は東南に座り、顔を西に向ける、とある。理由は天地の尊厳の気、すなわち「義」の気は西北にあるので、客人を西北に座らせるのは尊重を表すからである。また天地の温厚の気、すなわち「仁」の気は東南にあるので、主人が東南に座るのは仁の徳によって客をもてなすということを表す。これはのちに西に座り東を向く座席が一番上位という習俗としては残っているが、時代の推移によって少し変化をも生じている。現在の中国人の住居を、最も代表的な北京の四合院*を例にとって説明してみよう。客人をもてなす広間である庁堂は北に

四合院　中国の伝統的な民居。中庭を囲んで、東、西、南、北の四面に家屋があり、南北を中軸線にして家屋と庭が対称的に配置される。今日の北京に残るのはほとんどが清代に建てられたもの。

あって南を向いており、テーブルも大抵は四角形である。そして酒席の席次は普通以下のようになる。北に座り南を向く者が最も身分が高く、南面する者が二人いる場合は左側が上である。その他は順に北面する者、西面、東面となり、主人と酒の取り仕切り役は東面する。よって酒をつがれる順序は1・北東　2・北西　3・南西　4・南東　5・東南　6・東北　7・西北　8・西南（図28）となる。

『礼記』によれば主人が賓客に酒をつぐのを「献」といい、賓客が主人に返杯するのを「酢」という。主人がまず自ら飲み、それから賓客にすすめて共に飲むのを「酬」という。この三種を合わせると「一献の礼」となる。古代の献酒は、最も高いレベルが「九献の礼」であった。のちこの礼儀作法も次第に省略され、普通は上のような順序で一回りするのを「一巡」といい、三巡したあとは礼儀にこだわらず自由についだり飲んだりできるということになっている。酒席では往々にして協議の必要な話題があるものだが、習慣上三巡してから始めることになっており、昔の小説の中にもまず「酒三巡を過ぎ」という決まり文句があってから、ついで物語のストーリーに新しい展開が現れることがよくあるが、ここで言われているのは上に述べたような習俗なのである。

3・乾杯——飲みほすという作法

乾杯とは杯の酒を飲みほしてしまうことである。この用語は決して古くはなく、最古の用例は金代の元好問『続夷堅志』「梁梅」に見えるものだが、しかしこの

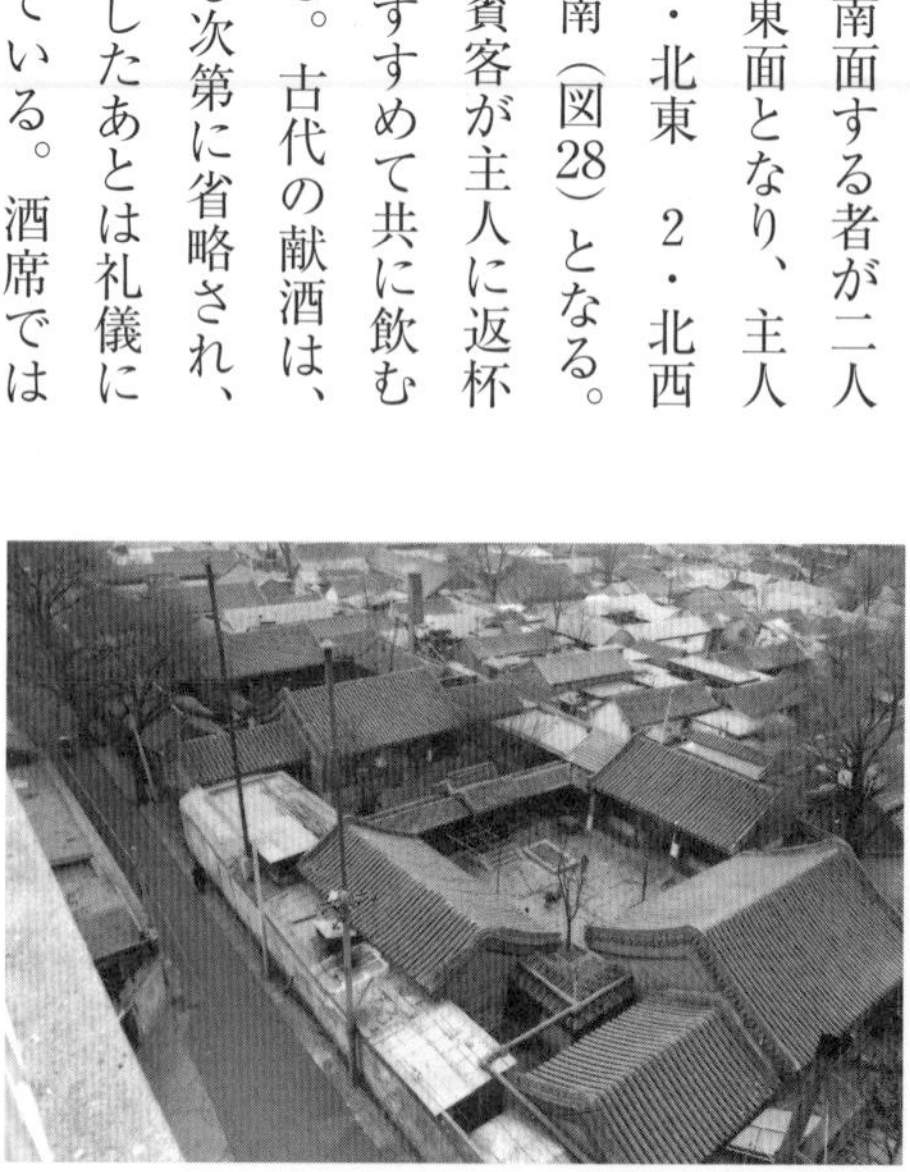

清代の四合院［北京］

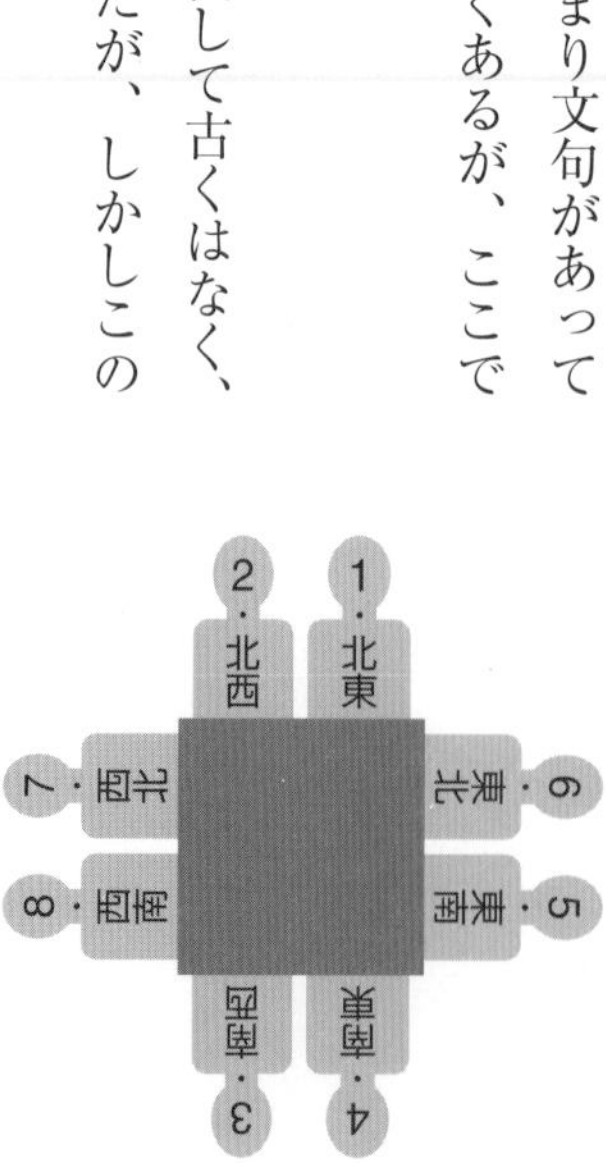

図28（8人が基本）

図25　馬和之「鹿鳴之什図」部分　絹本着色　南宋　双幅　全28×874cm　北京故宮博物院蔵
『詩経』「小雅・鹿鳴」の詩意図

図29　投壺画像　漢代　40×134cm
河南省南陽市出土　南陽漢画館蔵　投げた矢が壺に入らなければ罰杯を受ける遊び。清代まで続いた。

図30　任渭長「投壺図」　水彩画　清代

習俗自体は古くからあった。昔は乾杯のことを「釂《しょう》」といった。『礼記』「曲礼」には「長者挙げて未だ釂《つ》くさずんば、少者は敢えて飲まず」とあり、鄭玄の注では「爵を尽くすを釂と曰《い》う」となっている。意味は年長者がまだ「釂」――すなわち杯の酒を飲みほしていなければ、年少者は杯に口をつけるという僭越を行ってはならないということである。後にはまた「先ず干して敬を為す」という作法もできた。このときは後から飲むものも同様に飲み干さないと失礼になる。そして杯を干せない者は例によって罰を受けなければならない。

明代の馮時化の『酒史』が引く楊君謙『蘇談』には、蘇州一帯に広まる酒席のきまりごととして「杯中の余瀝、一滴有らば、則ち一杯を罰す」を紹介する。現在の韓国では乾杯した後に杯を頭の上でひっくり返して一滴も残っていないことを示す風習があると聞くが、精神はこれと通ずるものがあるだろう。その実質を考えてみれば、これはその人の酒豪っぷりを示すとともに、酒を無駄にしないという節約の意味もあった。

4・酒令――酒席に興をそえる

酒令とは酒席で行われるゲームの一種である。一定のルールに従って、結局は罰杯によって酒を勧めるかわりとするのである。昔の人々が酒を飲みながら酒令を行うのは、それによって酒に興を添え、主人も客もともに心ゆくまで楽しむためであった。種類としてはなぞなぞをあてられない人が罰杯をあけるものや、サイコロを振って点数で酒を賭けるものなどが普通だが、またそのほかに「伝花」

という遊びがある。令官（親）が目隠しして一輪の花を他の者に渡し、順繰りに次の者にまわしていくうちに令官が「やめ」と号令したところで、花を手にしている人が罰杯を受ける。そしてこの人が次の令官になるというものである。およそこの通り酒令は種々あり、一つ一つ説明はできないが、ここでは「投壺」という遊びを紹介しよう。

投壺は弓矢で的を射て酒を賭けたことに由来する遊びである。弓矢は非常に広い場所が必要であり、普通は競いにくい。投壺はそこから発生したものであった。投壺で用いる壺は小瓶くらいの大きさで、人々は手に手に五寸ほどの小さな矢をとり、瓶の中に投げ入れる。入れば勝ちで、入らなかった者は罰杯を受ける。図29（五七頁）は河南省南陽市から出土した漢代の画像石である。図の中央にいる二人はちょうど矢を持って投壺に興じているところで、右側にいるのが令官、左側にいる背の低い者が従者である。従者は手に罰具を持ち、何度も罰されてすでに酔いつぶれた客を助け起こし、連れ出そうとしている。この習俗は清代まで続いた。図30（五七頁）は清代の画家任渭長が描いた水彩画であるが、画中で投壺に興じている者の驚いた表情が非常にいきいきとしている。

右に述べたような単純で通俗的な遊びに比べ、古代の文人士大夫の間でさらに流行していたのが「雅令」である。これは文字による酒令で、宴会に参加した人がそれぞれ詩を吟じたり、互いに唱和したり、集団で連句を創作したりして才気を競い、勝負を決するというものである。古代において、このような酒令は形式が豊富で、残された作品の数も多い。ここでは唐代の酒令から一首を選んで見てみよう。作者は皇甫松《こうほしょう》*といい、彼の『酔郷日月』は現存する唯一の唐代酒令の専著である。

抛毬楽

金甕花毬小
真珠綉帯垂
綉帯垂
幾回衝鳳蠟
千度入香懐
上客終須酔
觥盂且乱排

毬を抛る楽

金甕　花毬小さく
真珠　綉帯の垂る
綉帯の垂る
幾回　鳳蠟を衝き
千度　香懐に入る
上客終に須《すべか》らく酔うべし
觥盂《こうう》　且《しばら》く乱れ排す

「抛毬楽」は唐代の酒令「抛打令」の一種である。「抛打令」は特定の舞踊の動作を伴った歌舞令である。この「抛毬楽」の遊び方は先に述べた「伝花」と大差ない。これは楽曲によって始まりと終わりを決め、令を得た者（令官）が『抛毬楽』の曲調に合わせながら歌いかつ踊り、楽曲が終了するときに座の人々に向かって香毬を放り投げ、毬にあたった者が酒を飲んで次の回の令官になるのである。詩は香毬の描写からはじまり、「綉帯垂」の三文字の繰り返し部分は座にいる人々に一斉唱和を要求するところである。「幾回」の句はきまりごととして、毬を投げる人が蝋燭に毬をぶつけてしまうと罰杯となる。「千度」の句は人によっ

皇甫松　こうほしょう　唐代の文人。生没年不詳。皇甫が姓。睦州新安（浙江省）の人。

ては何度も香毬にあてられていることを述べ、「香懐」の語から妓女もその中に混じっていることがわかる。最後の二句は「上客」、すなわち宴会の主要な客人が罰杯を受けるというので杯や皿もめちゃくちゃに取り散らかす大騒ぎの場面を写し取っている。詩の全体が描いているのは酒客たちが毬を投げては酔って舞い、声を揃えて大勢で騒ぎ立てるさまであり、その鮮やかな色彩と濃密な雰囲気からは、当時の酒宴の歓を尽くした情景が、まるでその場にいるように強烈に伝わってくる。

図31（カラーは一〇二頁）は宋代の人が模写した唐代の『宮楽図』で、画中の女性達はちょうど宴もたけなわというところである。そこには酒を飲むものもいれば楽器を演奏するものもいる。使われている楽器には拍板・琵琶・箏・簫・笙などが見えるが、これらは当時の酒宴でよく用いられた伴奏楽器であった。

三、酒俗——酒席にまつわる習俗

「郷に入っては郷に従え」という言葉がある。ある国やある民族の風土や人情を理解しようとするとき、その飲酒の習俗を入り口とするのはなかなかの早道だと言えるだろう。ここでは中国の酒にまつわる習俗を以下のいくつかの角度から見てみたい。

1・祝祭日に飲む酒

中国の伝統的な祭日は非常に多く、祭の時に酒を飲んで祝うのは全世界共通の

図31「宮楽図」 唐代　絹本着色　48.5×70cm　宋の模写　台北故宮博物院蔵

ことである。しかし中国の祭日にはいくつか特別な酒を飲まなければならないものがある。簡単に紹介してみよう。

　春節は旧暦の正月である。清代まではこれを「年」「元旦」と呼び、「春節」の呼称は二十世紀に西暦、つまり太陽暦を用いるようになってからのものである。春節は中国人にとって最も大事な伝統的祝日であり、一家が団欒し、旧年に別れを告げ新しい一年を迎えるにあたっては、酒は欠くことのできないものである。古い習俗では、春節には椒柏酒《しょうはくしゅ》、すなわち胡椒とヒノキの葉をつけ込んだ酒を飲むのがならいだった。

　また南北朝ごろには「屠蘇酒」を飲む習慣が興る。伝説では屠蘇はもともとある草庵の名前であったという。草庵に住んでいた人が、毎年大晦日の夜になると薬の調合方法を書いて街角に貼って回った。この調合に従って薬剤をそろえ、袋に詰めて井戸に漬け、次の日の元旦にはさらにこの薬を酒に漬けて一家で飲めば、一年間無病息災で過ごせるということであった。皆はその人の名前を知らなかったので、彼の住む草庵の名前をとって、この酒を「屠蘇酒」と呼んだのである。今から考えればこれは一種の薬酒であり、昔の人がこれを飲んだのは、邪気を払い心身の健康を保つためであったのだろう。

　春節の時には飲む方式も普段とは違う。南朝の宗懍《そうりん》の著『荊楚歳時記』によると、このときには一家で最も年齢の小さい者が先に飲み、最後になってようやく老人の番が来るのである。人の寿命は天が定めた有限のもので、年を越すと年少

図32　袁尚統「迎春図」明代　紙本着色　122×59cm　蘇州市博物館蔵　江南特有の水郷山村。草堂は明るく家も広い。

者は一つ年をとり、年長者は一つ年を失う。年長の者は早く年を失うことを望まないから、それでこのような習俗があるのだという。図32は明代の袁尚統の「迎春図」で、部屋の中で三人の老人が酒を飲みながら、庭で遊んでいる子供たちを眺めている様子が描かれている。

　端午の節句は端陽の節句ともいい、旧暦の五月五日である。中国では龍の形に似せた船のレースやちまきを食べる風習があり、一般には屈原*を偲ぶことから始まったと言われている。また端午の節句は一日で例えれば正午にあたり、一年の中で陽の気が最も盛んになるときであると同時に、夏至（陰の気の生じるとき）がまもなく到来するという、陰陽が消長し交替する時期であるため、身体の調節が最も難しいときであった。そこで昔の人は五月を「悪月」と考え、中でも五月五日は最も不吉とされた。これを除くため、およそ南北朝の時代から、この日に菖蒲酒を飲む習慣がはじまった。菖蒲は薬草の一種であり、酒に浸して飲めば血行を良くし、気を整え、湿気を払う。また明代以降には、雄黄酒を飲むという習慣が興った。雄黄*も薬用効果があり、毒性を持つ。外用すれば殺虫剤になり、適量を酒に浸して飲用すれば解毒作用があるので、邪を払うことができる。

　重陽の節句は旧暦の九月九日である。昔の人々は奇数を陽の数、偶数を陰の数と考えた。九は陽の数の中で最大のものであるが、それが月と日の二つで重なることから、「重九」あるいは「重陽」と呼ぶのである。漢代にはすでに重陽の節句に高い山に登り、茱萸《しゅゆ》（はじかみ）を携え、菊花酒を飲む風習があった。『続

屈原　くつげん［前340頃－前278頃］戦国時代の楚の政治家・詩人。讒言により追放され、放浪の果てに、汨羅《べきら》に身を投じたという。

雄黄　鶏冠石ともいう硫化砒素の一種

端午節におこなわれる龍舟競漕［四川省楽山市］

斉諧記』にはこんなエピソードがある。漢のとき、汝南の人桓景は方士の費長房について道術を学んだ。ある日費長房が桓景に言うには、九月九日に汝南で大災難が起こる。あなたは急いで家に帰り、家の人全ての腕に茱萸を入れた袋を結びつけ、皆で山の上に行き、菊の花を入れた酒を飲めば、この災難を逃れることができる、と。桓景は言うとおりにしたあと、夕方になって家に戻ってみると、鶏や犬、牛、羊は全て死に絶えていた。費長房の言うには、これは彼らがあなた方一家の替わりに災難を受けたのであると。そしてそれからというもの、人々は重陽の節句になると菊の花を浸した酒を飲むようになったとのことである。

2・市井の店で飲む酒

酒は家の中で飲むこともできるし、外の店で飲むこともできる。社会で酒を飲ませるサービスを提供するところと言えば、「酒店」である。現在の中国語ではホテルを「酒店」と訳す場合があるが、これだけでも中国人の酒店に対する思い入れがいかにひとかたならぬものであるかが伺い知れる。しかし酒店はそもそもふつう宿泊を提供するものではなく、その経営内容は読んで字の如く、客に酒を振る舞うというものであり、昔はよく「酒家」「酒肆《しゅし》」ともよばれた。図33は四川省で出土した画像磚《せん》である。店主が酒食を準備している間、客が首を伸ばして覗き込んでいるさまは、もう酒の香りをかぎつけたかのようだ。

唐代になると酒肆はあまねく普及した。ことに文人達のお気に入りだったのは、長安や揚州などの大都市に多く見られた、西域の胡人が経営する酒肆である。酒

図33　酒肆画像磚　25×44.5cm　四川省彭県三界郷収集　四川省博物館蔵

客を惹き付ける重要な手段として、彼らは若く美しい「胡姫」に酌をさせた。李白の詩に言う「胡姫の貌は花の如し、壚《ろ》に当たりて春風に笑う」（『前有樽酒行』）とは、この情景を描いたものである。壚とは昔の酒家で酒がめを置くのに用いた土でできた土台であり、今のカウンターにあたる。壚に当たるとはすなわち、カウンターに立って客をもてなすこと。彼女らの醸し出す濃厚な異国情緒はしばしば酒客の心をとらえ、帰りがたい気持ちにさせた。もちろん酒の席に侍る女性は胡姫に限らず、漢族の女性もそれに従事していた。彼女らのうち楽を奏でる者を「楽妓」、歌をうたう者を「歌妓」、舞う者を「舞妓」と呼ぶ。女たちの軽やかな歌声にしなやかな踊り、そして艶めかしく微笑む美貌が酒席に加わると、飲む酒も一段と興を添え、格別の趣を呈す。

唐代の酒肆の多くは「酒旗」を掛けていた。酒旗はまた酒簾・酒旆・酒望・酒招・望子・招子ともいう。一般的には一本の竹竿にのれんのような布を掛け、入り口に掲げて客を招く。布には店の名前を書くこともあれば酒の名を書くこともあり、また「酒」と一文字を大書することもあって様々である。唐末の皮日休による『酒中十詠・酒旗』には「青幟闊《ひろ》さ数尺、往来の道に懸く。多く風の揚ぐる所と為り、時に見ゆ酒の名号」とあり、当時の酒旗の色やサイズ、様子までがはっきりと書かれている。また図34には、地面にまで届く大きさの酒旗が描かれている。

唐代の都市では夜間の取り締まりが厳しく、「市」すなわち商業区は昼間しか

図35　北宋の都市・開封の賑わい　本店を指す「正店」の文字が見える。張択端「清明上河図」より

図34　酒店の「酒旗」　農村の道沿いの酒店では、往来する旅人が小休止をとった。店に掲げられた「酒旗」には「酔郷深処蓬莱三島」とある。

図36　「脚店」の華麗な酒楼　大きな「酒旗」が目立つ。張択端「清明上河図」より

営業できなかったので、酒肆の営業も非常に大きく制限されていた。宋代になると都市経済は高度な発展を遂げる。唐末五代の夜間外出禁止令の緩みによって誕生した夜市も、更に盛んになり、酒肆によっては早朝の四更（およそ三時頃）に営業を終え、翌日にはまた早くから店を開くという、現在の二十四時間営業に近いものもあった。酒肆は数の面で大幅に増加しただけでなく、店構えや装飾もますます豪華になり、酒妓が客をもてなす方法も多様化していった。

孟元老の『東京夢華録』*は北宋の都汴京《べんけい》（現在の河南省開封市）にあった任店という大酒店の様子を記している。そこは扉をくぐると百歩余りの長い廊下があり、中庭の南北両側にはずらりと個室が並んでいて、華燭の灯される夜ともなれば、こってりとおしろいを塗った数百名の妓女が廊下に並んで客のお声がかかるのを待つ。その光景たるや、一群の神仙が現れ出たようであった。この本によれば、任店のように大規模な酒楼は汴京に七十二もあって、これらを「正店」と呼び、その他の「脚店」と呼ばれる小規模な店舗はもはや数え切れないとのこと。

北宋末の張択端《ちょうたくたん》によるかの名高き『清明上《せいめいじょう》河《か》図《ず》』は汴京の市井の風俗を記録した長さ五二八センチの写実的画巻である。図35はその後半部で、描かれているのはある「正店」、入り口の酒旗には店名である「孫羊店」の字がおどり、店の前の大通りでは人々が集まって賑々しく、楼上の酒客はまさに杯を挙げて飲もうとしている。店の奥の庭では逆さにされた酒がめが山のように積まれ、いかに商売が繁盛していたかが想像できる。また図36は中段の一部である。ここには「脚

『東京夢華録』 宋の孟元老著。10巻。北宋の都開封の構造だけでなく、行事、風俗などについて述べた書。開封を東京とも呼ぶのでこの名前がある。

店」が描かれるが、店の前には華麗な装飾を施した楼が堂々とそびえ、楼の前に突き出した酒旗には「新酒」とあって、恐らくこの店で醸した酒がちょうど良い頃合いになったと客を呼び寄せているのであろう。楼上にはまた個室をあしらい、個室の横の小部屋には二人の店員がいて、階下の店員はできあがった料理を上へ渡し、階上の店員は腕を伸ばして受け取っているという具合に、非常にいきいきと描かれている（下図）。

この後元・明・清の各王朝を通じて酒肆は発展を続けた。風刺小説として有名な呉敬梓の『儒林外史』によると、清の乾隆帝の頃、南京城内は「大小の酒楼六七百」という有様であったらしいから、ならば都であった北京における繁盛ぶりは想像も及ばないものであっただろう。

3・少数民族の酒の飲み方

中国は多民族国家であり、現在は五十六の民族がその中に暮らす。漢民族が中華民族の多数を占めるため、本書で述べたのはいきおいどれも漢族を中心とする酒文化となった。しかし他の少数民族にもそれぞれの飲酒習俗があり、漢族同様多彩で、たいへん独特なものであるから、ここではそれをいくつか紹介しよう。

「啜《そう》咂酒（すすり酒）」。図37（七一頁）は中国西南地区に住む羌《きょう》族の飲酒の様子である。中央に酒がめを一つ据え、老若男女がそれをぐるりと取り巻いて座り、めいめいがストローを一本ずつ持って、長幼の順序に従って吸っていく。これはおそらく大家族であろうか、仲睦まじくうちとけた家庭的な雰囲気が、酒の香り

「清明上河図」より

とともに立ちのぼってくるかのようだ。

「同心酒」。あるいは「双人酒」ともいう。西南地区の傈僳《リス》族が客をもてなす際に最大の敬意を示す礼儀であり、普通は重要な賓客に対する時や、また盟約を結ぶなどの重要な場で用いられる。方法は主人が大きな木の椀に酒をなみなみとつぎ、そして主人と客がそれぞれ一方の手で捧げ持って、同時に飲むというものである。図38は二人の傈僳族の女性が「同心酒」を飲んでいるところ。これによって二人の仲が親密であること、互いにほんとうの姉妹のように思っているということを示す。

「街心宴」。西南地区の哈尼《ハニ》族の習慣で、毎年旧暦十月の「歳首節」には村の全員が集まって食事をする。百にのぼるテーブルが街の中心に一直線に並べられ、全ての村人がその両側に座って思う様飲み食いする光景は壮観である。図39はこの長机の宴会の一端である。

この他に北方草原のモンゴル族が飲む「馬乳酒」、チベット高原のチベット族が飲む「青稞《か》（オオムギ）酒」、海南島の黎《リー》族が飲む「椰子酒」など、どれもひとつひとつに特色があり、決まりがある。こうした酒の習俗がそれぞれに独自性を競い合い、中華民族の酒文化という大河を形成しているのである。

酒の飲み方に関しては、実はまだまだ多くの話題がある。例えば「品酒」、すなわち聞き酒においては、どのように酒の色・香り・味を鑑定するのか、また酒

イ族の鷹の爪を使った漆製酒器

図38　同心酒は双人酒とも呼ぶ、リス族の敬酒習俗。

図37　羌族の飲酒の様子　中央の酒甕からストローで順に吸う。

チベット族は牛角に入れた青稞酒で客をもてなす

図39　毎年10月に催されるハニ族の祭り　長机には各家から持ち寄った料理が並ぶ。

は祭祀や供奉の中でどのような作用を及ぼしてきたかなどである。これらの話題はそれぞれ一文を成すに足るものだが、ここでは展開を断念する。なぜなら本書の重点はこうした酒文化の物質形態や一般の習俗にはなく、中国酒文化の豊饒なる精神を探ることにあるからである。そしてこれこそ、次の三章で詳述するものである。

第三章　酔人を恕すべし
――酒と政治生活

終日馳車走
不見所問津
若復不快飲
空負頭上巾
但恨多謬誤
君当恕酔人

陶淵明

東晋の詩人陶淵明は『飲酒』を題に二十首の詩を書き上げているが、最後の一首の末尾二句は次のようにしめくくられている。

但恨多謬誤　但だ恨む 謬誤《びゅうご》の多きを

君当恕酔人　君 当《まさ》に酔人を恕《ゆる》すべし

この含蓄に富む言葉は、大型の連作詩『飲酒』の最後をぴりっと締めるだけでなく、中国の酒文化を解する上でも大きな手がかりを提供してくれる、まさに画龍点睛とも呼ぶべき詩句である。酔者に心《じゃしん》無く、酔言に忌《タブー》無しというわけで、政治理念や権力闘争が社会を回していく主軸であった中国古代において、酒はもはや単なる一種の飲料ではなかった。つまり酒は政治と密接に結びつき、ある時は身を守る防具となり、ある時は敵を倒す武器となってきたのである。厖大な歴史文献をひもといてみれば、そうした記載は実に枚挙にいとまがない。

それではいったいなぜ中国の政治において、酒はこのように独特の機能を果たしたのだろうか。

中国の歴史の大きな特徴の一つは、宗教的な神の権威が結局は発達しなかったということである。古代文明の初期において中国は神権国家の段階を経なかったし、中世以降もまた、ヨーロッパにキリスト教があるようには神権統治を経験しなかった。このため中国の政治はその起こりからすでに人文主義の方向へ発展することを運命づけられていたと言える。

軍事について見てみると、早くも春秋戦国時期には人文主義に基づいた軍事思

『飲酒』其二十（後半）

区区諸老翁　為事誠殷勤
如何絶世下　六籍無一親
終日馳車走　不見所問津
若復不快飲　空負頭上巾
但恨多謬誤　君当恕酔人

漢初にくそまじめな老学者たちが出て、学問伝授の仕事を実に懇切丁寧にやった。だが、もはや衰世のもとでは六経のどの一つも世人の心に訴えなくなってしまった。名利を追い求めて終日車を走らせる者はいても、孔子の一行が渡し場を訪ねたような光景はたえて見られないありさまだ。これではさっさと酒でも飲まぬことには、頭の頭巾に対して申し訳がたたないではないか。あなたを前にさんざん世迷言を並べ立てたが、酔っ払いの戯言、ひらにご容赦願いたい。

『陶淵明全集』（ワイド版岩波文庫）より

想が出現している。『左伝』*に記載されている軍事行動は大小とりまぜて三～四百もの多きにのぼるが、重心はおおむね戦《いくさ》をしている双方の政治情勢や人心の動き、様々な戦略を描くことにあって、実際の血なまぐさい戦闘が直接描写されることは少ない。また儒家思想が国家の中心に定められてからは、血縁関係や宗族制度が権力統治の構造にしっかりと織り込まれたため、君臣関係は父子の関係に類似する性格を持つようになり、厳しい専制統治を温かい人間味のベールがふんわりと包むようになった。孟子が*「天の時は地の利に如かず、地の利は人の和に如かず」と述べたのはまさしくこのことである。

そして人の和がこれほど重要であるからには、人間の感情に特殊な作用を及ぼす酒は大いに活躍の場を得、政治の舞台で重要な役割を果たすようになったのである。すなわち、盃にゆらめく酒の輝きを通して、我々はまた新たな視点から、古代中国の政治という絢爛たる歴史絵巻をのぞき見ることができるというわけである。

一、王朝盛衰の徴候

酒はこの世に生を受けたその日からすでに二面性を備えていたといえる。適度に飲めば長所は数え切れず、ここまで主に述べてきたのもこのプラス面のほうだ。しかしもしそれがマイナスに転じ、暴飲の限りを尽くしたとしたら、己の身を失ってしまうだけでなく、国家を傾けることすらありうるのである。第一章で酒の発明者儀狄について触れたとき、禹がこの絶世の美味を口にして「後世必ず酒を

『左伝』『春秋』の注釈書。経伝合わせて30巻。魯の左丘明著と伝えられる。豊富な史実によって教義を説く。『春秋左氏伝』の略。

孟子 もうし〔前372–前289〕戦国時代の思想家。鄒（山東省）の人。孔子の思想を継承し、性善説に基づいた王道政治を説いた。

以て其の国を亡ぼす者有り」と予言したことを覚えているだろう。不幸にもこの言葉は的中する。酒で国を滅ぼすという予言は、なんと彼の息子啓が建てた中国最古の王朝―夏王朝で実現した。夏王朝最後の君主、桀王こそその人である。

夏の桀王は中国の歴史上初めてあらわれた暗君であった。彼は民力を浪費して豪華な瑤台を建造し、そこで贅沢な楽しみに耽った。酒を貯蔵した池は船を浮かべられるほどに広大で「酒池」と呼ばれ、酒を濾過した後に残った酒かすは山のように積まれて「糟丘」と呼ばれる。桀王は人々を酒池のほとりにやり、首を伸ばして直接池から飲ませた。その様子はあたかも牛が川の水を飲むようであったから、「牛飲」と称された。こうした頽廃堕落ぶりは当然長くは続かない。政権はついに殷の湯王に取って代わられることとなる。

湯王が殷王朝を建ててから何代も過ぎない間に、飲酒の悪習は再び国全体を覆った。殷の最後の君主紂王は桀王に輪をかけたすさまじい荒淫ぶりをあらわした。酒池は更に大きくなり、貯蔵された酒は増え、同時に「牛飲」する人間は三千あまりにのぼった。そして肉を林のように吊して「肉林」と称し、多くの男女を裸にして酒池肉林に放つと、彼らに鬼ごっこをさせて夜を徹した乱痴気騒ぎをくりひろげた。度はずれた荒淫は天の怒りと人の怨みを買い、とうとう周の武王の大軍のもとに敗れ去る日を迎えたのである。

桀紂が酒で国を滅ぼしたことを教訓として、周王朝ではその始まりにあたり、成王の命を受けた周公によって『酒誥《しゅこく》』が発布された。これは主に殷の遺民に対

沈酗敗徳図　『列女伝』より　瑤台で楽しむ紂王と寵妃の妲己。淫楽・残忍を極め、ともに周の武王に殺された。

禹陵［紹興］

して発布されたものであったが、実際には周王朝及び諸侯各国の臣民に向けて出された禁令でもあった。『酒誥』では、王公諸侯は酒を飲むにあたって「非礼」であってはならず、民衆は「群飲」、すなわち集まって酒を飲んではならないと定め、逆らったものは死刑に処すと規定する。法を遵守することにあまり努めない官吏も、死罪に処されるのかもしれない。

『酒誥』は中国史上最古の禁酒令である。ここまで厳しい禁令は実際のところ長くは維持できず、周王朝後期の君主たちもやはり多くは一様に酒色の徒であった。また春秋戦国時期には「礼は崩れ楽は壊れ」、禁酒の主張が起こるはずもなかった。しかしその次の秦王朝から随分後の清代に至るまで、禁酒の令は中央・地方を問わずひっきりなしに発布された。その原因を探ると二つの事情が浮かんでくる。一つは酒が政権の安定に影響を与えるということである。君主が飲酒を貪れば朝廷の政治は乱れ、国家を失うこととなる。官吏が酒に溺れれば同僚の和が失われ、内部の衝突を引き起こす。民がほしいままに飲酒すれば、争いごとや喧嘩のもとになる。二つ目の問題は、酒の醸造には大量の穀物が必要となることであった。だから飢饉の年には禁酒令が多く発布され、ことさら厳しく取り締まられたのである。

しかしこうした禁酒令は結局のところ空手形にすぎず、禁じてはまたゆるむの繰り返し、最後には結局うやむやのうちに立ち消えてしまうのがおちであった。たとえ飢饉の年であろうと一時的に功を奏すに過ぎず、いったん作柄が好転する

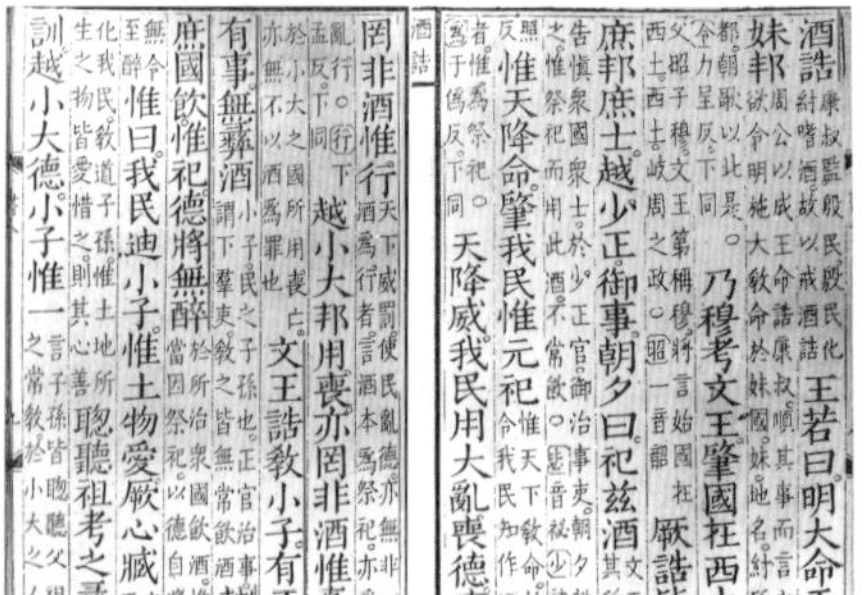
酒誥 王若曰明大命于妹邦 乃穆考文王肇國在西土 厥誥毖庶邦庶士越少正御事朝夕曰祀茲酒 惟天降命肇我民惟元祀 天降威我民用大亂喪德亦
罔非酒惟行 越小大邦用喪亦罔非酒惟辜 文王誥教小子有正有事無彝酒 越庶國飲惟祀德將無醉 惟曰我民迪小子惟土物愛厥心臧 聰聽祖考之彝訓越小大德小子惟一

『尚書』「酒誥」より

と禁令も実質的に解除されてしまう。酒はすでに礼法に溶け込み、生活に組み込まれ、中国文化から切り離すことのできない要素となってしまった。酒に関しては何もかも諸共《もろとも》に一網打尽というわけにはいかず、状況に合わせて賢い事の運び方をするしかないのだ。だからいくら後世に陳の後主*や隋の煬帝*など酒色で国家を傾ける暗君が頻出したといっても、人々の酒に対する認識は、やはり「酒は節度をもって飲むべきだ」程度にとどまり、完全禁止という極端な選択肢には走らないのである。漢末の孔融*が曹操の禁酒令に反対して言った次の言葉がこれをちょうどうまく言い表している。「もしも酒が国を滅ぼすとおっしゃるのなら、夏・殷の最後の君主がどちらも女色を好んだからといって、婚姻まで禁止なさるおつもりか？」

さて禁酒の全く対極に存在するのが、「大酺《ほ》」である。朝廷が民間に特別に許可して行われる大宴会で、このため「賜酺」とも呼ばれる。中国古代においては、一般の民が集まって酒盛りをすることを長い間非常に厳しく管理していた。漢初に丞相の蕭何が制定した法律には「三人以上故無くして酒を群飲すれば、罰金四両」とある。しかし王朝の交代や皇太子の冊立、皇女の結婚、瑞祥出現などの国家の慶事の折には、天子が特に詔して民に宴会を許可する。「大酺」は秦の始皇帝から始まったもので、彼が韓・趙・魏・燕・楚など諸国をおさえたあと、「天下大酺」を命じた。秦漢以後大酺はしばしば実施され、日数は三・五・七・九日と各種さまざまであった。例えば唐代を例にとると、前半期は太宗*以来、慶事が

後主　こうしゅ［553–604］陳の第五代（最後）の皇帝。宴遊酒色と詩賦音曲にふけって国政を顧みず、陳の衰亡を早めた。

煬帝　ようだい［569–618］隋の第二代皇帝。父の文帝を殺して帝位についた。運河の開削などの積極的な政策をとったが、贅沢な生活で国力を弱めた。

孔融　こうゆう［153–208］孔子20世の孫

太宗　たいそう［598–649］唐の第二代皇帝。李世民。父を助けて天下を統一し、善政を行った。

あるたびに大酺が行われた。女性の皇帝であった則天武后の時代の大酺が最も長く、例えば六九五年の十二月、天下に大赦が号令され、「万歳登封」と改元した際、民はその年の租税を免除され、九日の大酺が実施された。しかし唐の後半になると国勢は衰え、大酺もなかなか行われなくなる。大酺が実際には太平の世をとりつくろい、国威を飾りたてるものに過ぎなかったとしても、しかしやはり民が集って宴会することを法で認めるというものであるから、禁止や厳罰に比べればずっと平和だということができるだろう。

　大酺の他に、年越しをする際にも朝廷が民に酒を下賜することがあった。これにまつわるおもしろい例を見てみよう。

『宣和遺事』*の記載によると、宋徽宗の宣和年間（一一一九―一一二五）、都である汴京（今の河南省開封市）では正月十五日の元宵節の夜に灯籠祭りが行われ、人々は自由に参観してまわり、下賜される一杯の酒を楽しむことができたという。ある女がその酒をいただいた後で、こっそりその金杯を懐に隠し、衛士に発見されて宋徽宗の前に引き出された。すると女は慌てず騒がず、その場で朗々と『鷓《しゃ》鴣《こ》天』の詞*を詠じていうには、

月満蓬壺燦爛灯　　月　蓬壺に満ち　燦爛たる灯
与郎携手至端門　　郎と手を携えて　端門に至る
貪観鶴降笙簫挙　　鶴の降り笙簫の挙ぐるを観るを貪りて
不覚鴛鴦失却群　　覚えず　鴛鴦群に却《かえ》るを失う

『宣和遺事』　歴代王朝の皇帝を批判しながら北宋末期の徽宗皇帝の悪政へと話を進めた講史話本。作者不詳。これに基づいて『水滸伝』が成立した。

＊すなわち填詞のこと。漢詩の一つのスタイルである。

天漸暁、感皇恩
伝宣賜酒瞼生春
帰家切恐公婆責
乞賜金杯作照凭

天漸く暁たり　皇恩に感じ
伝宣もて酒を賜り　瞼《かお》に春を生ず
家に帰れば切に恐る　公　婆《しゅうとしゅうとめ》の責むるを
乞う金杯を賜りて照凭《しょうこ》と作《な》さんことを

詞の大意を記すと、「私は夫とともに灯籠祭りを見に来ましたが、うっかりしてはぐれてしまいました。ありがたくも皇帝陛下にお酒を賜りましたが、私が金杯を持って帰ろうといたしましたのは、舅と姑に対し、私の顔が赤くなっているのは陛下の下賜された御酒をいただいたせいであって、外で何かよからぬ事をしてきたからではないということを証明したかったからなのです。」といったところである。宋の徽宗はこれを聞いて大いに喜び、金杯をこの女に下賜し、さらに衛士をやって家まで送らせた。宋代の詞人万俟詠も『鳳凰枝令』の詞序の中でこの話に触れているから、当時実際にあったことなのであろう。

惜しむらくは、中国古代の飲酒をとりまく話を見回してみても、こうした心温まるエピソードは非常に少ない。

二、政治闘争の道具

1・天下をめぐる争い——鴻門の会

英雄豪傑たちの最終的な目標とは、政治という舞台の上で政権を奪い取り、天下に君臨することであるが、酒宴は往々にしてそのかけひきが矛を交える戦場となった。古人は外交折衝を「樽俎《そんそ》の間に折衝す」と称したが、樽は酒、俎は肉を指し、酒席において互いに口舌を戦わせ、真実の刀や槍が打ち合う血なまぐさい戦争とは別種の政治闘争が行われることを意味する。中国の歴史上において、一度の酒宴によって歴史の歯車が違う方へとまわりだした最も有名なエピソードは、なんといっても楚と漢が戦いを繰り広げた中での「鴻門の会」である。

秦の末期、天下は大いに乱れ、項羽*と劉邦*はそれぞれ兵を起こして秦を攻めた。項羽と秦軍の主力が奮戦しているその時、劉邦は虚をついて先に秦の都咸陽に入り、さらに関を封鎖して秦に敵対する他の勢力が入ってこられないようにした。項羽は知らせを聞くと大いに怒り、大軍を率いて鴻門（今の陝西省臨潼県東）に進駐すると、関を攻めようとした。劉邦は自分が到底項羽の相手にはなれないことを知っていたので、策士の張良と将軍の樊噲を連れて鴻門へ謝罪に赴いた。項羽は宴を設けてもてなし、席上では項羽の策士である范増が何度も杯を挙げて、劉邦を殺す命令を下せと項羽に合図したが、項羽はなかなか決心がつかない。范増はせんかたなく、項荘を宴席に招き入れて剣舞をさせる。宴席の余興とは口実で、機に乗じて劉邦を誅殺するのが目的であり、のちに「項荘の剣を舞わすは、意は沛公にあり」という成語が生まれたのはここからである。張良はうまくない形勢と見て、急ぎ樊噲を呼び寄せて入らせる。樊噲は激高して項羽が劉邦を害するべきでないことを滔々と説く。衛士が武器に手を掛けた一触即発の雰囲気がようやく和らいだのを見て、劉邦は酒に弱いのを言い訳に便所へ逃れ、宴席から逃

図40　鴻門宴　前漢　高23cm
河南省洛陽市焼溝村　墓室壁画
真ん中に項羽と劉邦が座っている。「鴻門の会」を描いたともいわれる。

げおおせた。范増は後に仁義を重んじるのもたいがいにされよ、最大の政敵をやすやすと逃すとは、と項羽を責め、将来きっと劉邦の手によって討ち取られるだろうと言った。果たして劉邦の勢力は次第に強まり、遂に西楚の覇王項羽を滅ぼすと、漢王朝を建てて自らが漢の高祖となる。図40は洛陽の近くの前漢墓の壁画で、一説によれば「鴻門の会」を描くもので、右側の二人は肉を焼いており、真ん中に座っている二人は項羽と劉邦、ほかの人物には項荘・張良・樊噲らがいて、緊迫している場面である、という。もしこの説が成立すれば、この壁画はおよそ中国現存の一番古い飲酒シーンを描いた作品となるのである。

日本人が大好きな歴史小説『三国志演義』[*]の中にも、宴の場で舌戦を繰り広げる場面が多くあり、読者をわくわくさせてくれる。もちろんこれらを全て史実としてとりあつかうわけにはいかないが、清代の学者章学誠曰く『三国志演義』は「七分の実事、三分の虚構」から成るらしいから、小説中の英雄たちが樽俎の間に折衝するなかで見せる謀略と胆力は、歴史のもうひとつの姿を教えてくれると言っていいだろう。

さてそれでは『三国志演義』第二十一回、「曹操酒を煮て英雄を論ず」を見てみよう。

後漢末、群雄の並び立つ時代、曹操[*]は丞相の位にあって絶大な権力を掌握していた。しかし曹操は劉備[*]が天下の「梟雄」であって長く人の下にいる人間ではないことを熟知していた。たとえ劉備が今はその爪を深く隠し、毎日居所の裏庭で

畑仕事をしているばかりでまったく野心がないように見えたとしても、将来必ずや自分の競争相手となることを見抜いていたのである。よって曹操は酒を用いて劉備のその本心をあばいてやろうと考えた。ある日曹操は、丞相府の梅が青い実を付け、仕込んだ酒もちょうどよい頃合いになっていることを理由に、劉備を酒宴に招いた。席上で彼は劉備に「誰が当世の英雄であるか」を尋ねる。物語の中ではこのような対話が繰り広げられる。

(玄徳が言うには)「淮南の袁術は軍勢も多く、兵粮の貯えも多いとか、彼なぞを英雄というのでございましょうか」曹操は笑った。「あれは古塚のしゃれこうべ同然、近々に手捕りにしてご覧に入れる」「河北の袁紹は四代つづいた三公の名門、息のかかった役人も多く、いま冀州に蟠居して、有能の士を多く抱えておりますことにござれば、彼こそ、英雄でござろうか」曹操またも笑って、「袁紹は上面《うわべ》ばかりの小心者で、陰謀を好むが決断に乏しく、大事に身を惜しんで、下らぬ利益に命を忘れるようなやつじゃ。英雄などとは申せぬ」「八俊と称えて九州に名を轟かせているかの劉景升こそ、英雄でござろうか」「劉表は虚名ばかりで、英雄とは言えぬ」「今血気さかんな、江東の領袖孫伯符は、英雄でござろうか」「孫策は父親の威光あっての男。英雄ではない」「益州の劉季玉、彼は如何でござる」「劉璋は皇室のご一門ではあるが、死んでも主人の門を離れぬ番犬のような男。とても英雄の器ではない」「張繡・張魯・韓遂らは如何でござる」曹操は手を叩いてからから笑い、「彼ら如き小人ばらは、

項羽 こうう [前232–前202] 秦末の武将

劉邦 りゅうほう [前247–前195] 前漢の初代皇帝

『三国志演義』『三国志』などを参考に、魏・蜀・呉の歴史を、虚構を交えて述べた長編小説。羅貫中の作といわれる。『三国演義』とも。

曹操 そうそう [155–220] 三国時代、魏の創設者

「三才図会」より

劉備 りゅうび [161–223] 三国時代の蜀漢の初代皇帝。字《あざな》は玄徳。

問題にもならぬわ」「これより外は、身共は全く存じませぬ」「英雄と申すは、胸に大志を抱き、腹中に大謀を秘め、宇宙をも包む豪気と、天地を呑吐する志を抱く者のことじゃ」「して、それは」曹操は玄徳を指さし、その指を己に返して、「当今、天下の英雄と申せるは、それ、貴公と、このわしじゃよ」その一言に、玄徳はっと息をのみ、手にしていた箸を思わず取落した。この時、雷鳴天地を貫き、沛然たる豪雨になった。玄徳は悠然と箸を拾いあげて、「あの雷で、醜態をお見せしました」曹操は笑った。「大丈夫たる者でも、やはり雷が恐ろしゅうござるかの」「聖人すら迅雷風烈必ず変ずと申されております。恐れずにおれましょうか」玄徳がこう言って、先の曹操の言葉で箸を取り落としたことを、軽くそらしたので、曹操はついにそれに気づかずに終った。*

ここに見える対話は酒の場を借りて、曹操がいかに尊大傲慢であるか、そして劉備がいかに聡く狡猾であるかを非常に生き生きと描き出している。その他にも関羽が単身敵の酒宴に躍り込む「単刀もて会に赴く」や、周瑜が酔ったふりをして「蒋幹をわなにかける」場面などは、どれも人口に膾炙したエピソードであり、このおかげで小説はいっそう曲折に満ちた豪快なものとなっている。もしも『三国志演義』に酒がなかったとしたら、英雄たちのロマンもずいぶんと精彩を欠いたことだろう。

2・内患を除く——杯酒もて兵権を釈《と》く

酒によって隠れた政治的危機を脱し、対抗勢力のプレッシャーを取り除いた例

＊立間祥介氏訳『三国志演義』(平凡社、1958)による。

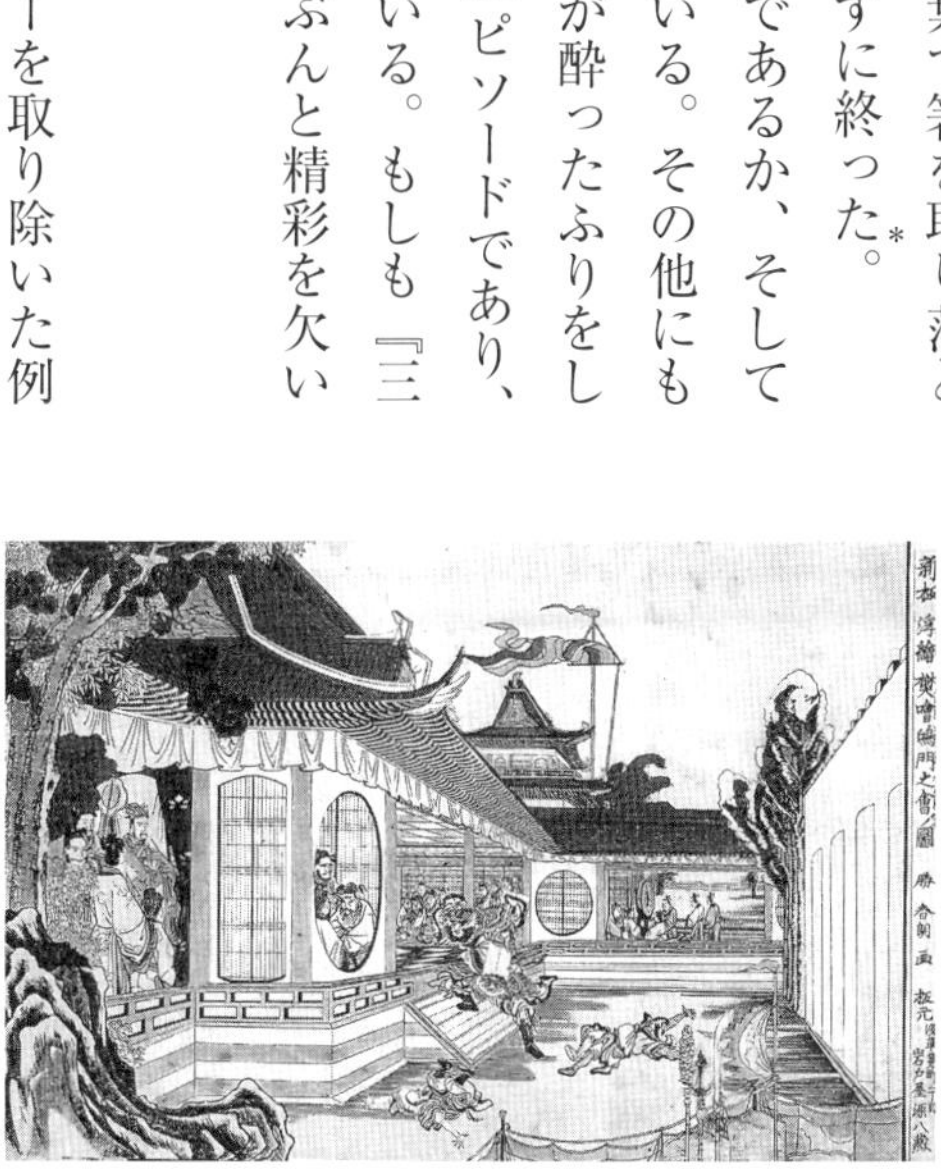

葛飾北斎「新板浮繪樊噲鴻門之會ノ圖」 江戸時代　北斎は中国の物語や人物を題材にした絵を多く描いている。これは春朗時代の作。

として、中国古代でもっとも有名なのは宋の太祖趙匡胤の「杯酒もて兵権を釈《と》く」であろう。

趙匡胤*はもともと五代の後周の武将であった。たびたび戦功をたてたので兵権を与えられていた。後周の世宗が死去したのち即位した恭帝はわずか七歳の幼子であったため、趙匡胤はこの機に乗じて後周に取って代わり自ら王朝をおこそうと考えた。九六〇年の正月、彼は皇帝の命により、敵を防ぐために兵を率いて北上した。夜、陳橋驛（今の河南省開封市の北東）に駐屯すると、趙匡胤は酒に酔ったと称して何も知らないふりをし、その間に部下は深夜に集合すると、趙匡胤を天子として戴くべしと口々に言い立てて、有無を言わせず皇帝の着る黄色い袍を彼に着せかけた。そしてそのまま兵を返して都に戻る。すなわち酒の力を借りて政変を演出し、宋王朝を打ち立てたのである。これこそ歴史に名高い「陳橋の政変」及び「黄袍を身に加う」である。

趙匡胤は政変を作りだして政権を奪取した後、それを安定させるために、唐代中期以来各地の藩鎮*が兵力を擁しては地方を割拠してきたことを教訓とし、部下が自らと同じように機に乗じて簒奪者となることを防止せんとした。そこで宰相趙普の提案を容れて、武将たちの兵権*を剥奪する算段をしたのである。この政治闘争においても、酒は重要な役割を果たした。図41は明代の劉俊が描いた『雪夜普を訪ねる図』で、趙匡胤と趙普の親密さがうかがえる。

九六一年七月、宋太祖は豪勢な酒宴を開き、戦場で彼のために大きな功労をあ

趙匡胤　ちょうきょういん［927–976］宋王朝の創始者。太祖。文治主義による君主独裁につとめた。

藩鎮　唐の中ごろから宋の初頭まで存在した地方軍事機関。唐代で40～50、五代では30～40置かれた。

兵権　軍を指揮する権力

図41　劉俊「雪夜訪普図」 絹本着色　143×75cm　明代　北京故宮博物院蔵　趙匡胤と宰相趙普の親密さをあらわす。

宋太祖坐像　北宋　絹本着色　191.0×169.7cm　台北故宮縛物院蔵

閻立本「劉備」 唐代　古帝王図部分　ボストン美術館蔵

げた石守信・王審琦ら多くの武将を招いてともに酒を飲んだ。酔いが半ばまわったところで、太祖は目的の話題をし始める。「みなの尽力がなければ、私も帝位には上れなかった。しかし皇帝になるというのは非常につらい。諸君のように地方の首領となっているほうがずっと快適だ。私ときたらもはや昼夜を問わず不安に襲われる毎日なのだから。」並み居る将軍たちはそれぞれに顔を見合わせ、皇帝の言葉を解しかねていったい何がそんなに不安なのですか、と問うた。太祖が「それはわかりきったことだ、皇帝の玉座は誰だって座りたいと思わない者はいないだろう?」と答えると、石守信らは言外の意を汲み取り、とたんにその場が針のむしろに感じられて、慌てて述べた。「陛下が即位なさったのは天意を順当に受けられてのことでありますから、我々は二心など起こすわけもありません。」しかし太祖は溜め息をついて、こう続ける。「それは私だってみなが忠臣であることは知っている。しかしそれぞれの部下に金銭や地位を貪るものがいないとは保証できないだろう。みなも、いったん黄袍が自分の身に着せかけられてしまえば、なりたくないといってもそうはいかないのだ。」諸将は泣いてわびながら、「われらは愚かで、そんなに細かなところまで配慮していくことができません。ただ陛下にご指示を仰ぐばかりです。」と言った。そこで太祖はようやく杯を掲げると、「人がこの世に生をうけるのは、まるで白駒の隙を過ぎるが如くあっという間のことだ。結局いわゆる富貴とは、金銀を多く蓄めこんだり、子孫が繁栄したりするのに過ぎないだろう。どうしてお前たちは兵権を私に差し出し、そのぶん土地や財産、妾を多く抱えて、歌舞や酒で楽しく日を過ごさないのか。われら君臣がともに猜疑心を持たず、平安無事に過ごせるのなら、どんなにかよかろうと思わないか。」諸将はこの言葉を聞くと、もはや異議を述べたてる勇気もなく、次の日にはみな病気と称しておとなしく兵権を差し出した。太祖は彼らに厚い恩賞で酬い、これ以後、中唐以来藩鎮が地方を割拠するというわざわいの根源は絶たれ、内部的には宋王朝の長期統一を保つ安定した局面が生みだされたのである。しかし文を重んじ武を軽んずる国策や、将が兵を知らず兵も将を知らないという軍隊制度は、同時に宋王朝の兵力を次第に衰弱させ、対外的な戦争でしばしば敗走を喫することとなるのだが、もちろんこれは後の話である。

こうして一杯の酒と一くさりの談話で、北宋・南宋三百年の礎を固めたわけだ。

宋太祖の手法はまだ平和的な部類に入る。中国の歴史ではむしろ、和やかに交わす杯の陰に殺気の漲る場面の方が多く、酒は往々にして統治者が政敵を除くための暗器となった。たとえば「鴆酒《ちんしゅ》*」であるが、古代の帝王は臣下に対して「死を賜る」ことができたので、罪を問うにも死刑にする必要はなく、自ら命を絶たせればよかった。その時賜るのはいつも一杯の「鴆酒」であった。秦の始皇帝*が一時の専横をほしいままにした呂不韋に鴆酒を賜って以来、歴代の帝王は多くこの方法に倣った。そして酒を政治に用いた中で最も陰険であったのは、明の太祖朱元璋*をおいてほかにいない。

鴆酒　毒酒のこと。鴆は伝説の毒鳥であり、その羽を酒に浸せば人を殺す毒酒になるとされた。

始皇帝　しこうてい〔前259－前210〕秦の初代皇帝。初めて中国全土を統一、自ら皇帝と称した。

朱元璋　しゅげんしょう〔1328－1398〕明朝初代の皇帝。太祖。在位年号により洪武帝ともいう。一兵卒から身を起こして華中を支配。続いて元軍を追って全国を統一した。

明の宮廷画家が描いたもの　台北故宮博物院蔵

明の太祖が天下を奪取したあと、彼を最も不安にさせたのは開国の功臣たちであった。彼は功臣たちに二心が生じていないかを探るために、酒に酔わせるという方法をよく用いた。ある日彼は戦功の最もめざましかった徐達を宴に招き、徐達を酔わせてすっかり酩酊させたあと、傍の者に命じて「旧内」へ運び、寝かせた。旧内とは朱元璋が王を称していたときに住んでいた場所であって、皇帝が泊まったことのある場所には他の人間はみだりに泊まってはならないと規定で決められており、守らないと「僭越」を犯したことになる。徐達は深夜に目覚めると、自分が酔いつぶれ、誤って旧内で眠り込んでいたことを知る。そこで真っ青になって飛び起きると、階段を駆け下り、皇帝のいる北の方角にひとり向かうと何度も土下座して謝罪の意を示し、ようやく宮殿を出て自分の屋敷に帰った。明太祖はこれを聞くと心中密かに喜び、やっと徐達に対する疑いを解いたのである。

他にも、明太祖は酒を用いて同じく開国の功臣郭徳成を試したことがある。郭が酒に酔ったところを見計らって彼の手に二錠の金を握らせ、誰にも言うなと言い含めたのである。郭徳成は金を靴の中に隠したが、これにはどうも裏があるらしいとはっきりわかっていたので、宮門を出る際に酔ったふりをして転び、靴の中に隠した金を顕した。衛士が慌てて明太祖に報告すると、太祖は「それは私が与えたものだ」と答えた。このようにして郭徳成は漸く容疑を免れ、危機から脱したのであった。

しかし多くの功臣たちはこれほど幸運ではなかった。民間の伝説によれば、明

上官周「徐達」 清代『晩笑堂画伝』より

太祖は論功行賞の名のもとに、疑わしいと思っている武将たちを都に招いて宴を行った。彼らがちょうどほろ酔いになったところを見計らって、太祖は会場を焼き払わせ、宴に加わっていた功臣たちを瞬く間に焼き滅ぼしたという。これは有名な「火もて慶功楼を焼く」であるが、実は歴史的な事実ではない。しかし明太祖が多くの功臣を続々と処刑したことを勘案すれば、この伝説にもそれなりの由来があるだろう。

3・自己防衛——酒人集団「竹林の七賢」

中国古代の政治を見ていくと、右のような権力闘争の道具になるよりも一層多いのが、一種の韜晦《とうかい》の手段としての酒だ。酒を借りて災いを避け、酒をもって世俗から逃れ、危険きわまりない政治闘争の場で自らの安全を確保するのである。酒には人生の智慧が染みこんでいるが、人生のやるせなさをも複雑に映し出している。そして酒の酔いを口実に、政治的迫害を避け、礼法の束縛を脱し、自らの人格の尊厳を守った人々として最も讃えられるのが、魏晋の頃に現れた「竹林の七賢」である。

魏の正始・嘉平年間（二四〇—二五四）、山陽一帯（今の河南省焦作市の東）に、竹林の中で自由気ままに酒を飲むことを主な生活内容とした「酒人」集団がいた。彼らは「竹林の七賢」と呼ばれる。図42（九三頁）は江蘇省南京市西善橋宮山墓壁の磚《せん》画である。上の四人はもと墓の右壁にあり、左から順に嵆康・阮籍・山濤*・王戎*、下の四人はもと墓の左壁にあったもので、右から向秀*・劉伶・

山濤　さんとう［205–283］晋代の政治家。晋の武帝に仕えて重用された。

王戎　おうじゅう［234–305］晋代の隠士。琅邪国臨沂（山東省）の人。

向秀　しょうしゅう　生没年不詳。河内の人で、山濤と同国人。老荘の学を好み、「老子」に注釈を加えた。

阮咸*・栄啓期となる。前から七人目までが「竹林の七賢」で、最後の栄啓期は春秋時代の隠者である。図中ではある者は杯を挙げて酒を飲み干し、ある者は琴を弾いて歌を口ずさんでいて、描かれているのはまさしく典型的な七賢の生活スタイルである。実はこの七人が本当に集まっていたのはわずか二〜三年で、のちには各々全く異なる路線を歩いていく。しかし当時においては、魯迅*が言うように「たいていみな反礼教の者」であったから、この共通点が彼らを結びつけたのである。折しも時代は魏晋が交代する前夜、曹氏の魏がしだいに衰える一方で、司馬氏は大きな権力を握って日に日に勢力を強め、政権簒奪への足並みを速め始めたところであった。そして彼らが異分子を排斥し、政敵を打ち破る時の旗印こそ「礼法」「名教」であった。すなわち儒教道徳に反したとの罪名をもって、彼らの政権簒奪に異を唱えるものたちを迫害していったのである。

「竹林の七賢」のリーダーであった阮籍と嵆康はどちらも曹魏の政権と関係が深い人物であり、彼らは暗黒に満ちた政治状況の中で、曹氏の魏という大きな土台が崩れかかっていくのをとめることもできなければ、かといって膝を屈して司馬氏グループに投降することもできなかった。そこで酒に酔って放縦な振る舞いをし、消極的な抵抗を示すとともに自らの安全を保ったのである。だから「竹林の七賢」の常識はずれの振る舞いや、日夜酒に溺れた暮らしぶりは表にあらわれた姿であり、実はその裏には深い憂愁の意識が沈潜していたのである。後世に長く称賛され羨望を集めた、彼らの趣ある酔態や、酒中に示した独特の風采とは、

阮咸　げんかん　生没年未詳。諸官を歴任した。琵琶の達人。阮咸琴という彼創案の琴は、正倉院の御物の中にある。阮籍は叔父。

魯迅　ろじん［1881−1936］民国初の文学者。浙江省紹興の人。本名は周樹人。日本に留学して医学を志したが、のち文学に転じた。著「狂人日記」「阿Q正伝」ほか。

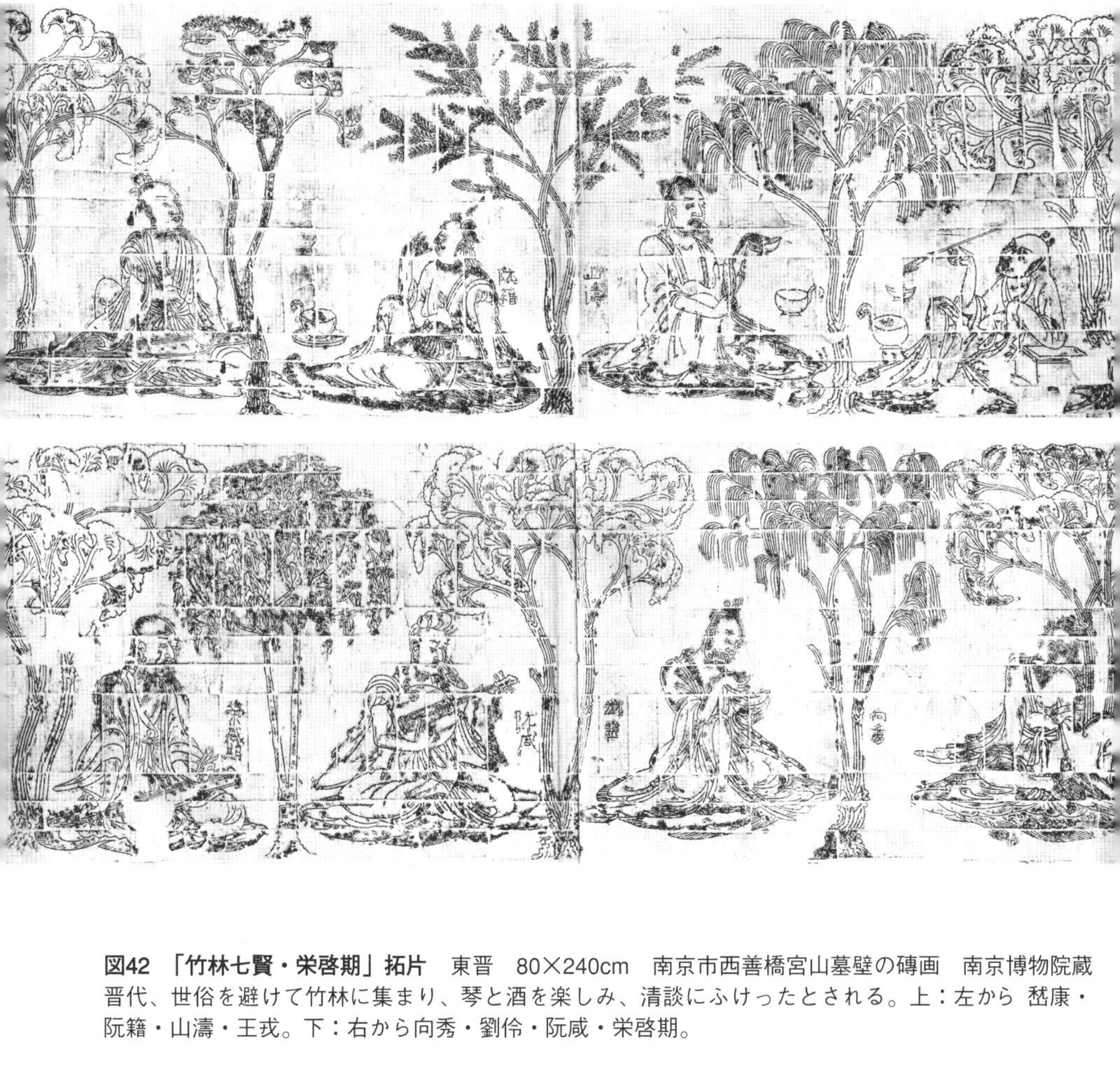

図42 「竹林七賢・栄啓期」拓片 東晋 80×240cm 南京市西善橋宮山墓壁の磚画 南京博物院蔵
晋代、世俗を避けて竹林に集まり、琴と酒を楽しみ、清談にふけったとされる。上：左から 嵆康・阮籍・山濤・王戎。下：右から向秀・劉伶・阮咸・栄啓期。

むしろ歴史の大いなる悲劇であったといえるだろう。

そこでこの中から三人の代表的人物を見てみたいと思う。

阮籍《げんせき》（二一〇―二六三）、字は嗣宗。彼は歩兵づきの厨房に酒をよく醸す者がおり、三百斛*の酒を貯蔵していると聞きつけたのを理由に、自ら望んで歩兵校尉となったので、世間は「阮歩兵」と彼を呼んだ。また隣家に若く美しい婦《おんな》が住んでおり、酒を売るのを生業としていた。そこで阮籍は隣家へ行ってそこで酒を飲み、酔っぱらうとずうずうしくも彼女の傍でぐうぐうと寝込んだが、その夫は阮籍に悪気のないことを見て取ると、しいて争うことはしなかった。こうした気ままな振る舞いはまさしく彼の護身札となる。

為政者の司馬昭は阮籍に娘がいることを知ると、息子とめあわせて阮籍を仲間内に引き込もうとした。ところが阮籍はひとたび酔っぱらったが最後六十日間一度も醒めることなく、使者も用件を切り出す術を失ったのである。権臣の鍾会はいくたびも時事について彼の意見を聞き、回答いかんで罪に問うことを目論んだが、いつも阮籍が酒に酔っぱらっていいとも悪いとも言わないので、手を下すことができなかった。このようにして阮籍は危険の渦巻く乱世を乗り切り、命を全うしたのであった。

「竹林の七賢」のもう一人のリーダー嵆康《けいこう》（二二三―二六二、字は叔夜）の運命は阮籍に比べればずっと不幸である。嵆康は風采にすぐれ、酒に酔っていても他を圧する威容をそなえていた。「その酔えるや、傀俄として玉山の将に崩れんと

斛　単位の一つ。当時の一斛は十斗にあたる。

するが若し」（『世説新語』*「容止」）と言われたほどである。彼はまた中国の歴史上はじめて琴と酒をどちらもよくした文人であり、自らこの人生はただ「濁酒一杯、弾琴一曲」を求めるのみだ（『山巨源に与えて交わりを絶つ書』）と称している。しかし彼は率直で考えを包み隠さない性格であったため、公然と司馬氏を非難して讒言にあい、処刑されてしまう。刑に処されるにあたって、彼は琴を所望し、爪弾《つまび》きつつこう嘆いた。自分が最も得意とした『広陵散』の曲も、これで伝承されることなく失われてしまうのだ、と。酒は阮籍の命を全うさせたが、嵆康の命を救うことはできなかったのである。

劉伶《りゅうれい》（字は伯倫）は「竹林の七賢」の中で最も荒唐無稽な行動に出た人物である。彼はある時したたかに飲んだあと屋内で服を脱いで全裸になり、他の者がそれを嘲笑すると、逆に得意げに言い立てた。天地がわが家で、この家がわがズボンだ。お前たちはなんだって俺のズボンに潜り込んでくるんだ？また彼は常に酒を携帯し、鹿に引かせた車で外出しては、供の者に鍬を担いで付いてこさせた。そしてもしも自分が酔っぱらって死んだりしたら、その場で地面を掘って埋めてしまえといいつけたのである。彼の残したたった一つの文章は『酒徳頌』といい、その豪放無頼な文体によって「唯だ酒のみ是れ務めにして、焉んぞ其の余を知らん」という「大人先生《たいじんせんせい》」のイメージを作り上げた。また彼の詩は二首のみ残っているが、うち一首は彼が「鬼神の前で酒を断つ」と妻を欺いて、鬼神を祭るための酒と肉をまんまとせしめたあとで堂々と発表した飲酒宣言になっている。始ま

『世説新語』 南朝宋の劉義慶編。「徳行」「言語」「政事」「文学」など36門に分類して、後漢末から宋初までの著名人の逸話を集めたもの。現存本は3巻。

りは「天の劉伶を生むや、酒を以て名と為す」の二句。古くは「名」と「命」の二字は通用することが可能であったので、この二句の意味は彼が生まれつき「酒を以て命と為す」ことを望んでいたということである。唐代の詩人皮日休はこんな風に提唱している。「他年帝に謁すれば何事を言わん、請う劉伶に贈りて酔侯と作さんことを」(『夏景の沖澹なるに偶然作る』)もしもほんとうに古代の文人のなかで「酔侯」に封ぜられるものがいるとしたら、劉伶こそふさわしいと言えるだろう。

酒と謀略の結合はある意味で酒の悲哀だとも言える。暗黒の政治のもと、古人が酒によって自衛するのは往々にしてやむを得ない場合であった。これより後の章でも、さらに類似の例を目にしていくことだろう。しかし同時に我々は、酒がもつもう一つの光に満ちた側面を見いだすことができる。すなわち、人間性の発揚である。

君不見　黄河之水天上来
奔流到海不復回
君不見　高堂明鏡悲白髪
朝如青絲暮成雪
人生得意須尽歓
莫使金樽空対月

君見ずや　黄河の水天上より来り
奔流し海に到って復た回《かえ》らず
君見ずや　高堂の明鏡白髪を悲しむ
朝には青絲の如きも暮には雪と成る
人生意を得れば須く歓を尽くすべし
金樽をして空しく月に対せしむることなかれ

李白「将に酒を進めんとす」

器が語る酒文化

中国では、六千年余り前の新石器時代には早くも陶製の酒器が出現している。以降、時代とともに創られつづけた中国の酒器は、その種類の多さと造形の美しさで、酒を愛する人びとの心をとらえて離さない。

象牙杯　商代　高30.5cm
河南省安陽市婦好墓出土
中国社会科学院考古研究所蔵

乳釘紋銅爵　青銅　商代初期
高22.5cm　河南省偃師県二里頭
遺跡出土　偃師商城博物館蔵

曽侯乙尊盤　青銅　戦国初期　尊高30.1cm　盤高23.5cm　湖北省随県曽侯乙墓出土　湖北省博物館蔵

豚型陶鬹　高21.6cm　長22.4cm　大汶口遺跡出土　山東省博物館蔵

宴楽漁猟攻戦紋壺　戦国　高31.6cm
口径10.9cm　北京故宮博物院蔵

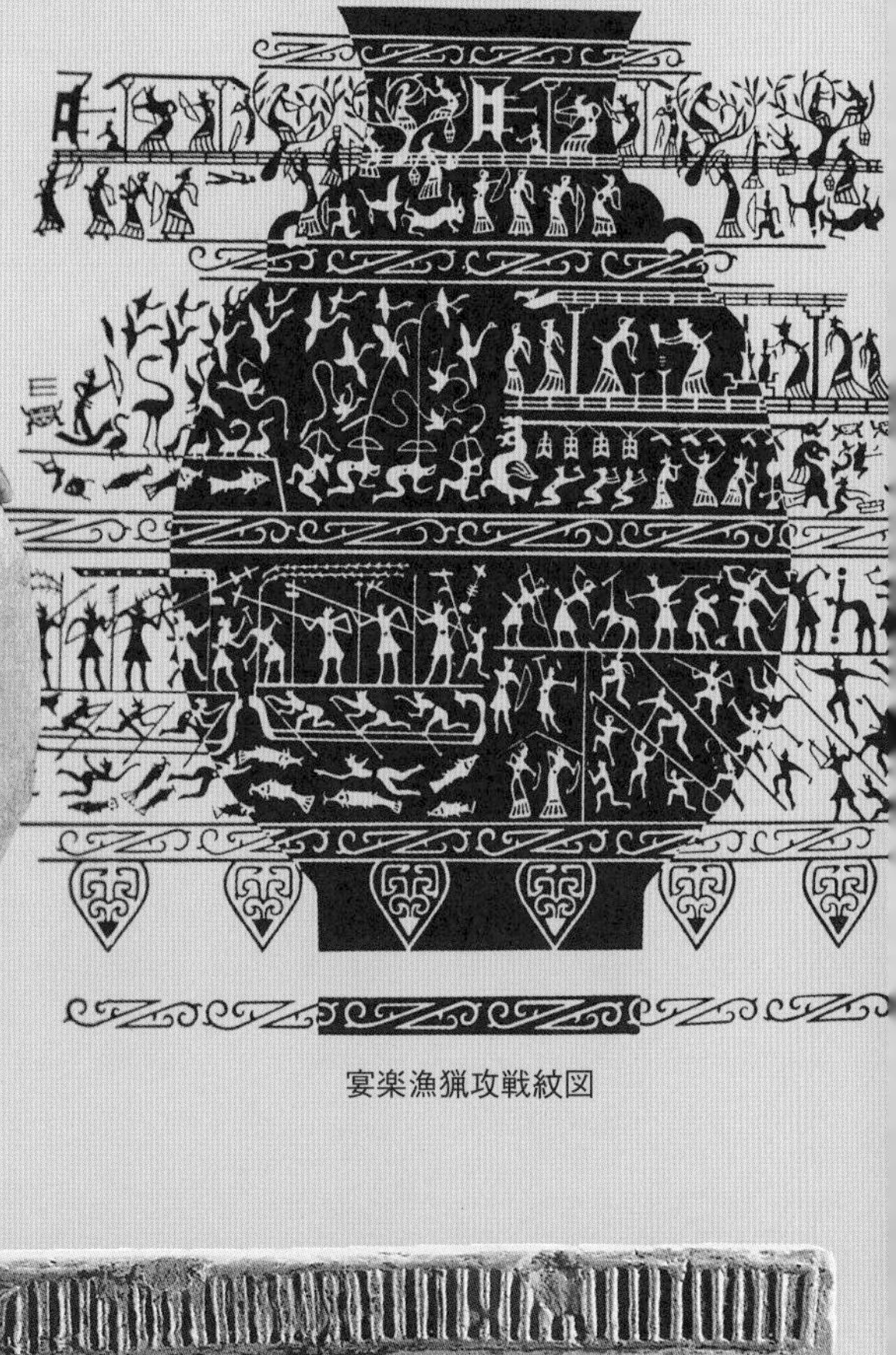

宴楽漁猟攻戦紋図

酒造図画像磚　後漢　高28.0cm　幅49.5cm　四川省博物館蔵

書聖 王羲之と曲水の宴

東晋の永和九年（三五三）、王羲之ら四十二名の名士が山陰（今の浙江省紹興市）の蘭亭に集まり修禊を行った。そのとき、湾曲した小川に酒杯を流し、止まったところの人が杯をとって酒を飲み、即興の詩を詠んで遊んだという。

紹興は上海の南に位置する水郷地帯。良質なもち米、豊かな水が生んだ紹興酒の生産は二五〇〇年前に始まったといわれる。

『蘭亭修禊図』部分　全323×623cm　李公麟（宋代）の絵の明代の模刻　座っているのは王羲之

曲水流觴の渓流［紹興］

蘭亭［紹興］

江南

朱家角［上海］

甕［烏鎮］

運河［紹興］

顧閎中「韓熙載夜宴図」部分　五代　28.4×335.5cm　北京故宮博物院蔵

唐、時代を彩る文化の繁栄

「酒は天の美禄」という言葉通り、天の賜わる無窮の恵みを存分に享受し人生の楽しみを謳歌するという風潮が、宮廷とその周辺を覆っていた。しかし、その繁栄にもかげりが見えはじめる。やがてくるその崩壊を予感させるような退廃への道を、絵画などからかぎとることができる。

「宮楽図」　唐代　48.5×70cm　宋の模写　台北故宮博物院蔵

韋氏家族墓室壁画　唐代　高180cm　陝西省長安県南里王村唐墓墓室東壁

三彩女子　唐代　右）高45.2cm　陝西省西安市中堡村出土　左）高47.5cm　陝西省西安市東郊王家墳村出土　陝西歴史博物館蔵

張萱『虢国夫人游春図』 唐代　52cm×148cm　宋の模写　遼寧省博物館蔵

玄宗の誕生日の祝典では、舞馬四〇〇騎の大パレードが行われた。クライマックスには馬たちが口に酒杯をくわえ、楽のリズムに合わせて踊り、玄宗への祝意を示した。

舞馬銜杯銀壺　唐代　通高18.5cm　口径2.2cm　陝西省西安市南郊何家村出土　陝西省博物館蔵

酒中の詩人たち

徐渭「牡丹蕉石図」 明代　120.6×58.4cm 上海博物館蔵　反骨の画家徐渭は自ら「酔うて抹り醒めて塗るも総て是れ春」と述べ、墨をぽたぽたと散らした筆法は作画時の狂態を想像させる

杜甫草堂［成都］

蘇六朋「太白酔酒図」 清代　204.8×93.9cm　上海博物館蔵　酔っ払った李白は二人の宦官に支えられる

丁雲鵬「漉酒図」 137.4×56.8cm 明代 上海博物館蔵 東晋の陶淵明は酒を漉すのを待ちきれず、自分の頭巾で漉して飲んでしまったという

張鵬「淵明酔帰図」 明代 120×60cm 広東省博物館蔵 侍童が持つのは陶淵明が好きだった菊の花である

三賢祠 李白・杜甫・高適の3人が祀られている［開封］

白居易の墓［洛陽］

ユーラシア・酒、そして中国

酒尊　白磁　唐代　高23.5cm　陝西省西安市東郊韓森寨出土　陝西歴史博物館蔵　胡人のもつ皮袋の口から体内まで中空になっている

酒尊　白磁　唐代　高20.0cm　陝西省西安市東郊沙坡墫廠出土　西安市文物保護考古所蔵　主に北方民族が使用した皮袋の形を模している

鳳首龍柄青磁壺　隋–唐　高41.2cm　口径9.4cm　伝河南省汲県出土　北京故宮博物院蔵　ササン朝ペルシアの特徴が見える形式の器。6人の人物の下に6個の宝相華文が配されている

仕女狩猟文八曲把杯　唐代　銀　高4.7cm　長11.5cm　陝西省西安市城建局出土　西安市文物保護考古所蔵　鍍金の金色との使い分けが美しい

三彩鳳首杯　唐代　高6.9cm　長13.6cm　陝西省西安市東郊韓森寨出土　陝西歴史博物館蔵　鳳首部分が象頭や鳥頭をあらわした類品もある

葡萄美酒夜光杯
欲飲琵琶馬上催
酔臥沙場君莫笑
古来征戦幾人回

葡萄の美酒　夜光の杯
飲まんと欲すれば　琵琶　馬上に催す
酔うて沙場に臥すとも君笑うこと莫かれ
古来　征戦　幾人か回る

王翰「涼州詞」

騎馬狩猟人物　唐代　高37.9cm　長31.1cm　陝西省西安市東郊豁口出土　西安市文物保護考古所蔵　狩猟は宮廷周辺の人々にとって娯楽や社交の場であり、また軍事訓練もかねて頻繁に行われた

騎射人物　唐代　高36.5cm　長29.5cm　陝西省乾県懿徳太子墓出土　陝西歴史博物館蔵

人気酒店はどの時間でも込む。ビール・白酒はつきものだ。［北京］

プロの料理人を呼んで食事がふるまわれる。張さん夫妻の祝いの席で。開封市楊荘村。

花婿が縁者に酒をふるまった。張さん夫妻の祝いの席で。開封市楊荘村。

生まれて1か月の赤子の祝い。そこでふるまわれる酒。甘粛省敦煌の西北30キロ、石槽村。

祝宴で女たちは歌を歌い酒をふるまった。背後はフビライたちの像。女たちはフビライの末裔。
上下とも2002年12月のナーダムで。雲南省昆明市の南約150キロの通海県興蒙村。

p.108–111　写真／大村 次郷

コーリャン［新疆ウイグル自治区伊寧］

白酒の材料はコーリャン。90–200日ねせる。張掖産（河西回廊）［敦煌］

白酒（パイチュー）をすすめるカザフ人［新疆ウイグル自治区新源］

興蒙村の酒店。高粱酒などが並ぶ。1カップが1元（15円）。

壬戌之秋
七月既望
蘇子与客泛舟
遊於赤壁之下
清風徐来
水波不興
挙酒属客
誦明月之詩
歌窈窕之章

壬戌の秋
七月既望
蘇子　客と舟を泛《うか》べて
赤壁の下に遊ぶ
清風　徐《おもむ》ろに来たりて
水波興《おこ》らず
酒を挙げて客に属《すす》め
明月《めいげつ》の詩を誦《しょう》し
窈窕の章を歌う

蘇軾「赤壁の賦」

蘇軾は古代の文人の中で、珍しいほどオールマイティな文学者かつ芸術家であったが、一生官界に身をおき、たびたび左遷や流謫の憂き目にあう波乱に満ちた生涯をおくった。

四十四歳のとき新法を非難してとがめられ、御史台の獄につながれたが、辛うじて死罪を免れ黄州（湖北省）に流された。流謫の六年間、町の東にある荒地を借り東坡と名付けて耕す自適の生活の中で、一日、史実に名高い赤壁に遊び賦を作った。

写真は黄州の赤壁を背にした長江の夕景である。対岸には呉の孫権・周瑜と戦った魏の曹操が布陣していたと民間に伝えられている。やがて日が沈み、月が昇りこの賦が生れた。

第四章　理想郷への憧れ
――酒と文人精神

緑蟻新醅酒
紅泥小火爐
晩来天欲雪
能飲一杯無
白居易

酒とはごく一般的で、日常的な飲料であるが、しかし同時に独特で、奇妙な飲み物でもある。酒は食品ではあるが飢えを満たしてはくれないし、乾きを止めてくれるわけでもない。その主要な効能は、人の肉体に対する刺激を通して、人の精神を激しく揺り動かすことにある。生理的な面から言えば、酒を飲むことは血液の循環を良くし、それによって疲労を解きほぐし、ストレスをやわらげる。精神面から見れば、酒を飲むと人は興奮し、明るく朗らかな気持ちになり、しばし人生の様々な悩みを忘れることができる。この点において、この世界に酒と肩を並べうる食品は存在しない。まさにこの性質こそ、古代の人々が酒を神秘的なものと考え、同時に酒に親しみを覚えてきたゆえんなのである。明代の邵宝《しょうほう》の詩には「相看て人間の味と謂う莫かれ、一滴　先天　万古の情」（『雪酒詩、孫司徒の為に賦す』）とある。つまり酒にはこの世を超越した常ならぬ魔力があり、ほんの一滴といえども、悠々たる古今の情感を含んでいるというわけで、酒に対する心からの礼賛の言葉となっている。

もちろんこうした感情は中国人だけにあるのではなく、例えば西洋にも「酒の神《デュオニソス》」があり、「超人」ニーチェ*は「デュオニソス的精神」を強く崇拝している。しかしやはり古代の中国人、特に文化の主要な担い手である「文人士大夫」階級の酒への思いは、世界中の他の民族に比べても、格別のものがあるようだ。彼らのほぼ全てが酒を嗜み、酒を賞賛し、そして酒をめぐる文化の精髄は彼らの筆先から次々と生み出されて膨大な量にのぼり、他のどの国も及ばないほどの

ニーチェ［1844–1900］ドイツの哲学者。近代文明の批判と克服を図り、キリスト教の神の死を宣言。強者の道徳を打ち立てこの道徳の人を「超人」と称した。実存主義の先駆者。著「悲劇の誕生」「ツァラトゥストラはかく語りき」「権力への意志」など。

「飲酒哲学」を築き上げている。中国文化に顕著なこの現象は、いったいどこから来たのだろうか。

一、酒の哲学とは——三杯大道に通ず

中国文化の根本となるのは、孔子*や孟子*を代表とする儒教の思想である。*その基本的な特徴は、社会秩序や倫理道徳を根本に置き、現実の人生を重視していることで、自らの身体を超越したものを追い求め、禁欲主義を推し進めるといった類の宗教的な発想は、儒教が主導する中国では結局受け入れられなかった。「民は食を以て天と為す」ということわざは、食物が豊富ではなかった時代の現実を反映してもいるし、古人の「口腹の欲」に対する重視の表れでもある。また中華料理の高度な発達も基本的にはここに由来する。

飲食文化の主役として、酒を飲むことは中国においてつねに、人生に欠かせない楽しみだと考えられてきた。消費レベルに大きな違いはあれど、上は王侯貴族から下は一般庶民に至るまで、酒を飲み宴をひらくことは、日常生活でほぼ唯一の楽しみだったのである。そして儒教はこの飲酒について、形式の面では「酒を以て礼を成す」ことを重んじたが、これはすなわち宴の際の儀式やきまりごとであって、第二章「酒政」で多少詳しく述べたところである。*その目的から考えてみれば、みなが和気藹々と楽しみ、飲酒を通して君臣がひとつになり、家族が心を合わせ、それによって紛争や衝突が減るという社会的な効果を求めているので

孔子　→p.14
孟子　→p.75

*中国では普通「儒教」という言葉を用いず、「儒家」という。厳密な宗教の定義から言えば、儒家は宗教とは考えられないからである。ここでは日本の慣例に従って「儒教」を用いる。

馬遠「孔子像」部分　南宋　絹本着色　27.7×23.2cm　北京故宮博物院蔵

*　→p.51

あって、非常に功利的な色彩を帯びている。

儒教のこうした飲酒に関する理念は、社会の基本秩序を保つ上である程度の役割を果たしはしたものの、人という千差万別の生身の存在にとっては、往々にして個性を殺し、それぞれの特色を押さえつけ、仕事を離れたときまで礼教の仮面をかぶり続けなければならないような、精神的自由を失わせる意味合いを持っていた。「中国の君子は、礼儀に明るくして人心を知ることに陋《せま》し」とは、『荘子』*の中で温伯雪子が儒教の「君子」たちを批判した有名な言葉だが、これを以て中国の酒文化に適用しても、的を射た批判である。

よって古人の酒に対する認識は、傾向として古代中国における別の精神的支柱——道教と仏教の二つにより多くを負っている。道教は中国土着の宗教で、その思想を代表するのが春秋戦国期の老子*と荘子*であるため、「老荘の哲学」とも呼ばれる。*道教の思想傾向は儒教と全く正反対であり、概括して述べるとこうなる。すなわち、儒教は世に入ろうとし、現実への思索を主張する。道教は世から出ようとして、現実の超越を主張する。儒教は社会を重んじ、有為たろうと努める。道教は自然に順応せんとし、無為たることを求める。儒教は全体を重んじ、礼法の縛りを強調する。道教は独立を重んじ、個人の自由を強調する。儒教は外向的で、経世済民*をもって己の任とする。道教は内向的で、精神の闊達をもって最終目的とする。

この両者は表面上これほど明確に対立しているのだが、古代の文人士大夫にお

『荘子』 戦国時代の思想書。33編。荘周とその後学の著とされる。成立年代未詳。

荘子 そうし 戦国時代の思想家。生没年未詳。個々の事物の価値や差異は、根元的にはすべて平等であるとし、自然にまかせる生き方を説いた。

老子 ろうし 戦国時代の楚の思想家。生没年未詳。儒家の人為的な道徳・学問を否定し、無為自然の道を説いた。道家の祖。

＊中国では「道教」と「道家」が区別して用いられる。老荘は「道家」であり、「道教」が正式に宗教となったのは5世紀以後のことである。これも日本の習慣に沿ってすべて「道教」と呼ぶことにする。

経世済民 世を治め、人民を救うこと

いては、なぜか不思議な統一を見せており、「儒道互いに補う」とされていたのである。彼らは公の政治の場において、官途が順調なときは儒教を以て宗とした。プライベートな個人の場において、人生に失意を覚えたときは、道教を以て慰めを得た。飲酒はどの面から見ても、はっきりと後者に傾いている。李白が「三杯大道に通じ、一斗　自然と合す」(『月下独酌』)と言うとおり、酒と道教は天然に通いあうものがあるらしい。

仏教は中国に入って以降、儒や道を代表とする中国伝統の文化と互いに影響しあい、中国式の仏教――禅宗を生みだした。禅宗は仏教の他の宗派とは違い、さほど戒律を重んじない。参拝や読経、法要に関しても比較的自由で、文字によるきまりごとを定めず、頓悟*を主張し、「即心是仏」を求める。よって酒に対しては禁止しないばかりか、むしろこれも道を悟る方法の一つであると考える。なぜなら酒に酔っている間は世俗のことを忘れ、「四大皆空なり」の境地に入ることが可能となるが、これこそ仏教が描く現実の人生を超越した境地に入るのに適しているからである。「般若湯*」の愛称や、「酒を以て禅に参ず」の発想はみなここに由来するのである。

しかし以上の「三教」の思想背景があるとはいえ、古代の中国人は本質から言えば、宗教に対する態度はある種実用的なものであって、宗教上の儀礼や規則に拘泥しないばかりか、宗教の最終的な意義となる形而上の彼岸世界に対しても関心が薄かった。しかし思想や感情を有する高等動物としての人間、「万物の霊長」

頓悟　仏語。長期の修行を経ないで、一足とびに悟りを開くこと。

般若湯　酒のこと。僧侶の隠語。

は、その一生の間に必ずや人生の浮沈、栄枯盛衰の起伏を味わうのであるから、心理的に宗教信仰に類する慰めやよりどころを必要とするのは当然である。そうしてみれば、主体の情緒に訴え、また現実と理想、具体と抽象を結びつけることを可能にする酒という存在が、活躍の場を得るわけである。こうして古代中国において、酒は人間性を称揚するという特殊な使命を帯びはじめた。飲酒と人生観のこうした結びつきは、古人によって「酒徳」と呼ばれた。第三章で語った劉伶も『酒徳頌』を著している（「酒徳」が初めて『書経』に現れたときには、殷の紂王が酒に溺れ政治を乱したことを批判した用語であったが、劉伶はその意味を逆説的に用い、のち次第に良い意味の言葉となった）が、現代語でこれをいえば、飲酒哲学とでも言えるだろうか。

　ここからは中国の歴史上酒を飲むことで有名な五人を取り上げて代表例とし、彼らの生涯や時代について一つ一つ見ていきながら、古人の飲酒哲学を明らかにしてみたいと思う。

二、酒中の趣き——陶淵明

陶淵明《とうえんめい》（三六五―四二七）、字は元亮、のちに陶潜と改名。潯陽柴桑（今の江西省九江市）の人。彼は一生にわたって酒を好んだ。かつては収入のため地方の小官吏となり、彭沢の県令として赴任したが、公田三〇〇畝《ほ》に対し、彼は造酒に用いる「秫」（コーリャン）を全てに植えよと命じた。しかし妻は主食となる

「陶淵明」葛飾北斎画

呂学「桃源図」 清代　絹本着色　193.9×100.9cm
浙江省博物館蔵

図43　張鵬「淵明酔帰図」 明代　紙本着色
120×60cm　広東省博物館蔵

「秔」（うるち米）を植えることを要求した。老いも幼きもある一家が酒しか飲まず米を食べない、というわけにもいかず、しかたなく彼は秔を植える為に五〇畝を割くことに同意するしかなかったが、残りの二五〇畝にはやはり秫を植えたのであった。

のちに剛直でおもねらないその性格や、自然に憧れる性質が官吏の世界に合わず、四十一歳の時官を辞し、田園に隠居する生活を始めた。隠居後の生活は貧しいものであったが、酒を好むという点には変わりがなかった。ある年の九月九日重陽《ちょうよう》の日に、貧しくて酒はないが、彼が小屋の東の籬《まがき》のもと、いっぱいに菊の花を摘みながら、ひとり楽しんでいた。この時ちょうど白い服を着た人が現れ、見ると友達の王弘が酒を持ってやってきたのであった。願ってもないことと、すぐさま菊を眺めながら大いに飲み、酔いを尽くした。図43（カラーは一〇五頁）は明代の張鵬が描いた『淵明酔帰図』で、側の小者が持っているのは菊の花である。またある時は親友の顔延之《がんえんし》が援助してくれた二万銭を、すぐに全部酒屋に送り、いつでも自由に酒が買えるようにしてしまった。陶淵明の自伝的な作品である『五柳先生伝』は、自分の飲酒生活についてこのように描いている。

性　酒を嗜むも、家貧しくして常には得るあたわず。親旧其の此《かく》の如きを知り、或いは酒を置きて之を招く。造《いた》りて飲めば輒《すなわ》ち尽くし、期するは必ず酔うに在り。既に酔えば退き、曾て情を去留に吝《やぶさ》かにせず。

生まれつき酒好きだが、しかし金がないのでいつも手に入るとは限らない。

身近な人たちはそんな事情をよく知っていて、酒を用意して呼んでくれることもある。そこへ行って飲めばいつも最後まで飲み尽くし、絶対に酔っ払ってしまおうと心に決める。できあがってしまえば退散し、立ち去るのに未練を覚えることはない。（川合康三先生の訳による）

蕭統の『陶淵明伝』にもこんな風に述べる。「淵明　若し先に酔わば、便ち客に語りて、我酔うて眠らんと欲す、卿去るべしと。其の真率たること此《かく》の如し。」こうした礼儀にこだわらず率直を旨とする酒の飲み方は、彼自身の言葉を用いて言えば「任真」（『連雨独飲』）となる。ここでの「任」は「保」と解釈できる。そして「真」は陶淵明の飲酒哲学の真髄を成す。後に述べる王績・李白・白居易・蘇軾らは、みなこの「真」に関してそれぞれ会得するところがあった。

中国の古代では、「真」と「偽」が対立する哲学概念としてあった。儒教は礼法規範を重んじたが、人間性や本能を抑圧するとして、道教によってしばしば「偽」と非難された。『荘子』「漁父」には老いた漁師の口を借りて孔子を責める言葉が語られる一段がある。

> 真とは、精誠の至り也。精ならず誠ならずんば、人を動かすあたわず。

すなわち人として率直で誠実であるべきだと主張しているのである。つづいて漁師は例を挙げて「真」とは何かを説明するが、その中で三たび飲酒に触れる。「酒を飲めば則ち歓楽」「酒を飲むは楽を以て主と為す」「飲酒は楽を以てす」と。このように繰り返し強調される「楽」とは、酒を飲むときに世俗の功利目的を有して行うべきではなく、すべてを自分の真実の情に任せきり、自らの本来の姿を痛快にさらけ出すべきだという意味である。漁師はまた、「真　内にある者は、神《しん》　外に動く」と続ける。この「真」から生まれた「神」は、『荘子』「達生」の中で、さらに詳しく説明されている。

　夫れ酔える者の車より墜つるや、疾しと雖も死せず。骨節は人と同じきに、
　而も害に犯《あ》うこと人と異なるは、其の神全《まった》ければなり。

酒に酔った者は飛ぶように走る車の上から墜ちても、死なない。それは普通の人間と異なり、その「神」が「全」だからである。荘子のこうした認識は、魏晋の時期に至ると、老荘を信奉し「玄学」を語ることを好む文人たちによって、さらに喧伝されていく。例えば前述した「竹林の七賢*」のように、当時の社会は動乱の最中にあって、政治は暗黒をきわめ、人々は自らの運命が明日にはどうなるかわからないという緊迫した状況の中で、われもわれもと酒に慰めを求め、精神の安定を図った。当時の名士のエピソードをあつめた『世説新語*』を見ると、このような考え方がそこここに散見する。すなわち王仏大は「三日酒を飲まざれば、形神の復《ま》た相い親しまざるを覚ゆ」と言い、王光禄は「酒は正に人々をして自ずから遠からしむ」、そして王衛軍は「酒は正に自ずと人を引きて勝地に著かしむ」と言う。彼らの用語は異なるものの、その意味するところは同じであり、酒を飲むことは一種の現実を超越した忘我の境地へと連れて行ってくれることを述べているのである。陶淵明がこの効能について最もよく表現している、『孟府君伝』

竹林の七賢 →p.91

『世説新語』 →p.95

に記載された問答を見てみよう。
孟嘉《もうか》は酒を飲むことを好み、将軍の桓温《かんおん》は酒にはどんな長所があるかと彼に尋ねた。孟嘉は笑って答えた。将軍はまだ「酒中の趣」をご存じないのですか。桓温はまた、彼に音楽を尋ねた。孟嘉は人の喉が楽器よりも優れているとした。なぜなら「次第に自然に近づいていくことができるからです」と。孟嘉は陶淵明の外祖父であり、伝記で語られている言葉は、陶淵明の心中の声だとも言える。彼は『飲酒』を題に二十首の詩を作っているが、そのうちの第十四首に「悠悠　留まる所に迷う、酒中　深味有り」とある。これも同じような感覚である。

それでは陶淵明のいう「酒中の趣」「酒中の深味」とは一体何なのだろうか。彼は孟嘉伝のなかで「漸く自然に近づく」と言っているが、この言葉が謎を解く鍵となってくれそうだ。

酒に寄して跡と為す

中国古代の文人士大夫が凡そ身を立て物事を為していく時には、普通「窮まれば則ち独り其の身を善くし、達すれば則ち兼ねて天下を善くす」（『孟子』「尽心上」）をよりどころとした。官途につまづけば、その身を清くして保全する。官途が順調であれば、社会のために尽力する。前者の場合は自然に身を置くことになり、古代ではそれを「江湖」と呼んだが、つまりは山水田園のことである。後者は政界に身を置くことになり、古代ではそれを「魏闕《ぎけつ》」と呼んだが、宮廷や官庁

富春江の春［浙江省］

を指す。陶淵明は前者の理想を実現した典型といえ、だからこそ「古今の隠逸詩人の宗」として尊敬を集めるわけである。そして彼の隠逸生活の中心を為したのが、酒を飲むことであった。彼の世界においては、酒——真——自然の三者が、政界や礼法、世俗などと対立する一極を成し、彼は自らの激情や才知をすべて杯の中に注ぎ込んだのである。統計によれば陶淵明の現存する一四二篇の詩文のうち、五六篇が酒に触れているとのことで、実に四〇パーセントの高きにのぼる。この比率はそれまでに存在しなかっただけでなく、陶淵明以後の文人にも匹敵するものはほとんど出現しなかった。梁代の蕭統による『陶淵明集序』には、のちに後世の人からよく引用されるこんな文章がある。

陶淵明の詩は篇篇酒有りと疑うる有るも、吾観るに其の意は酒に在らずして、亦た酒に寄して跡と為せるのみ。

宋代の欧陽修*は左遷されたとき自ら「酔翁」と号したが、彼の『酔翁亭の記』には「酔翁の意は酒に在らず、山水の間に在る也」とあって、これは蕭統の言葉を換骨奪胎*したものである。「酒に寄して跡と為す」の「跡」は、仮託のことと理解できるし、また象徴させるという意味にとることもできる。つまりは酒を借りて人生を感じ、その想いをつづるのである。陶淵明の「酒中の趣」は、まさにこうした酒の哲学であり、酒の精神であった。陶淵明以後、中国の伝統文化における酒はもはや単なる飲み物ではなく、物質と精神をあわせもつ一種の複合体、ある文化の理念を表す一種の象徴、そして誰もが謳歌して止まぬ永遠の文学テー

欧陽修　おうようしゅう　[1007-1072] 北宋の文人・政治家。廬陵（江西省）の人。仁宗・英宗・神宗に仕えたが、王安石の新法に反対して引退。唐宋八大家の一人。著「新唐書」「新五代史」「集古録」など。

換骨奪胎　骨を取り換え、胎を取って使う意。「冷斎夜話」による。詩文をつくるのに、古人の作の発想・形式などを踏襲しながら、独自の作品を作り上げること。他人の作品の焼き直しの意にも用いる。

顧符稹「桃源図」 清代　絹本着色　34.1×46.7cm　上海博物館蔵

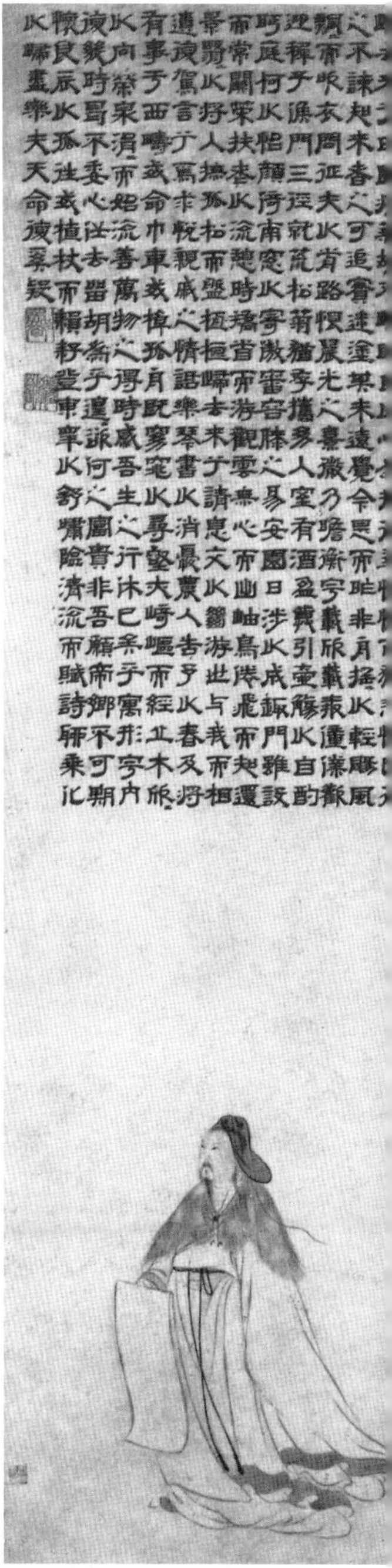

王仲玉「陶淵明」 明代　紙本墨筆
106.8×32.5cm　北京故宮博物院蔵

マとなったのである。

陶淵明は「酒中の趣」という独特の含蓄をはじめて発見しただけでなく、後世のあらゆる酒の楽しみについて、それらの創始者となった。たとえば彼は酒を「忘憂物」「杯中物」などと称したが、これ以後酒に関する愛称は続々と登場したのである。彼はまた酒を飲みながら「無弦琴*」をかき鳴らすことを好み、酒の意を借りて玄妙なる無声の美を楽しんだが、後世には琴と酒をめぐる話柄が数多く現れた。他にも酒を飲んで心中の不満をぶちまけ、光陰の過ぎゆく早さを嘆いたり、楽しめるうちに楽しむことを称揚し、また田舎の老農夫と共に飲むことを楽しむ平等意識を持っていたことなど、一人の隠逸者としての生活のあらゆる面が彼の飲酒詩文の中に余すところなく表現されている。そしてその表現は淡々とした日常の穏やかな雰囲気に満ち、「酒中の趣」の最も純粋な美しさが示されているのである。いささかの誇張をも交えずに断言できるが、後世のあらゆる文人が酒を描くとき、それらはみな陶淵明の敷いた道路の上を歩みながら、それぞれが少しずつ展開しているのに過ぎない。

陶淵明こそは、中国の酒文化における第一の功労者の名にふさわしい。

三、酔郷の遊び——王績

王績《おうせき》（五八五―六四四）、字は無功《ぶこう》、号は東皐子《とうこうし》、絳州《こうしゅう》龍門（今の山西省河津県）の人である。彼は隋と唐の両王朝に仕えて小官吏となったが、どちらも短い

「無弦琴」 弦を張らない琴。音は出ない。

時間であった。のちに官を辞めて故郷に帰り、一生を隠逸のうちに過ごした。

王績は唐代の文人の中で、酒を好むことで有名になった初めての人物である。彼の酒量は非常に多く、一度に数斗を飲んでも酔わなかったそうだ。唐王朝の建国当初、彼が召し出されて門下省で官職を授けられるのを待っているとき、規定では毎日三升の酒が与えられると聞いて、それでは足りないと文句を言い出した。そこで一日に一斗の酒まで引き上げられ、当時の人々は彼を「斗酒学士」とあだ名したのである。彼が務めた最後の職は朝廷の太楽丞、すなわち音楽を管理する仕事であったが、この官職も太楽府に焦革という官吏がいて、非常に上手く酒を醸すという噂を聞きつけた王績が、苦労して訴えた結果得た職であった。ところが天の采配は皮肉なもので、彼が着任してまだ数カ月しか経たない内に、焦革は死んでしまった。幸い焦の妻が健在で、彼に自家製の美酒をしばしば届けてくれたので、王績はこの職を一年余り継続することができた。やがて焦の妻も死んでしまうと、王績は「これは天が私に美酒を痛飲させまいとしているのか!」と慨嘆した。そこで官を辞めて宮廷を去ったのである。彼は後に焦革の酒造方法をまとめて『酒経』に記し、さらに儀狄や杜康など、歴代の酒造に秀でた者の事跡をあつめて、『酒譜』を編んだ。この書物はどちらも失われたとはいえ、王績が率先して酒文化に対して意識的に整理を行ったことで、後人に一つの研究分野を開いたわけである。

王績は陶淵明の飲酒哲学の忠実なる継承者であった。彼は陶淵明の『五柳先生伝』をまねて、自分のために『五斗先生伝』を著し、その冒頭にはこんな文句を記した。

五斗先生なる者有り、酒徳を以て人間《じんかん》に游ぶ。人に酒を以て請う者有れば、貴賤無く皆な往く。往けば必ず酔いを取り、酔えば則ち地を択ばずして斯《すなわ》ち寝、醒むれば則ち復た起きて飲む也。常に一たび飲めば五斗、因りて以て号と為せり。

五斗先生という者がいた。「酒徳」によってこの世に遊び、酒を飲ましてくれるという人がいれば、貴賤を問わず誰の所でも出掛けた。行けばきっと酔い、酔えば場所を選ばず寝てしまった。目が覚めればまた起き上がって飲んだ。いつでも一回飲み出せば五斗は飲んだので、それを号とした。（川合康三先生の訳による）

自らを「五」で名付け、思うがままに行動して酒を飲むというそのスタイルは、陶淵明に何から何までそっくりである。しかし彼は公然とその酒量を以て号とし、社会に通行している礼儀や恥じらいを全く顧みることなく、この自伝の中ではさらに「天下の仁義に厚薄有るを知らざる也」と言い放つなど、その態度は陶淵明よりもっとはっきりと、儒教の倫理道徳と決別する構えを見せている。自伝の最後に彼は「其の志を遂行し、如く所を知らず」と記した。この世界に、彼の「志」を実現させることのできる場所などあるのだろうか。

ところがそれが存在する。その名を「酔郷」という。王績の中国酒文化における最大の貢献は、彼が『酔郷の記』を著したことにある。

『野望』（野の眺め）王績

東皐薄暮望　徙倚欲何依
樹樹皆秋色　山山唯落暉
牧人駆犢返　猟馬帯禽帰
相顧無相識　長歌懐采薇

東皐薄暮に望み
徙倚《しい》　何《いづ》くに依らんと欲す
樹樹皆な秋色
山山唯だ落暉
牧人　犢《こうし》を駆りて返り
猟馬　禽《とり》を帯びて帰る
相顧みるに相識無し
長歌して采薇を懐《おも》う

隋末から唐初の混乱期の作と思われる。世の人々と生き方を異にする者の孤独な心境を詠じている。

酔郷は、中国を離れること幾千里か分からぬほどの遠くにある。土地は平坦で広々とし、丘陵や山谷などの起伏無く、坂も険しい道もない。天候は温暖でからりと晴れており、日出も月の入りもなく、四季も寒暖の変化もない。酔郷の風俗はどこもひとしなみで、ここの村とあそこの集落で異なるということはない。人々はみな鷹揚な心持ちで、愛憎もなければ喜怒もなく、風を吸い、露を飲み、五穀を口にすることなく生きている。眠るときにはぐっすり安楽に、道を歩くときには慌てず騒がずゆったりと、つねに鳥獣や魚たちと一緒になって暮らしており、船や車といった類の道具を知らない。

王績は続けて中華民族の始祖黄帝に始まり、上古の君主たちの酒に対する態度の違いを列挙して、酔郷に近かったか遠かったかを述べる。秦漢の頃になると、中国は動乱の時代に入り、ついに酔郷と隔絶してしまった。しかし例外がなかったわけではない。

本当に酒の「道」を愛する人たちだけが、こっそりとそこへ行くことができた。阮籍や陶淵明など十数人はみな酔郷へ行き、死ぬまで戻らなかった。遺体もそこへ葬られたから、中国では彼らを「酒仙」と呼ぶのだ。

ああ、酔郷の人たちの風俗は、遙か太古の華胥氏の国に同じではないか。どうしてこれほどに純朴で、ひっそりと孤独にたたずんでいるのであろう。私は幸いにもそこへ至ることができたので、酔郷のためにこの文を書いた。

「華胥《かしょ》氏の国」というのは、『列子』*「黄帝」の記載によれば、黄帝が夢に遊ん

『列子』 8編。道家の書。列子の撰と伝えられるが、現行本は前漢末から晋代にかけて成立したといわれる。故事・寓言・神話が多い。

だ場所である。その国には階級が無く、人々は貪欲さを持たず、自然と平和に満ちた世界であったので、後に理想の大同世界や夢幻郷をあらわす代名詞となった。陶淵明の名作『桃花源の記』では、一人の漁師が経験したという話に仮託されて、濁世を遠く離れた純粋で美しい楽園が作り上げられていた。しかし王績は夢の形式を用いず、仮託のスタイルも取らず、もっと直接的に早道をとった。つまり、酒を飲むことである。酒を飲めば陶然となり、この神秘に満ちた土地へ踏み込むことができるのである。

王績が描いた「酔郷」は、中国版のユートピアということができる。しかもこのユートピアは、机に積み上げた書物の山を前に苦学する必要もなければ、世俗を離れた寺で朝夕に鐘を聞きながら寂しく勤行する必要もない。ただ杯を干せばふらふらと遊びに出掛けることができる。秦漢以来到達できた者は「十数人」に過ぎないと言っているが、文章の末尾で「予は游ぶを得たり」とあるからには、王績は自分をもその列に加えていたわけだ。ここでの条件はただ一つ、阮籍や陶淵明、そして王績自身のように、酒の「道」を実践し続けることである。これがために、「酔郷」は中国文人の限りない憧れの地となり、後世に「酔郷」を詩に詠んだ作品は枚挙に暇がない。ここでは金の元好問*の『飲酒』という詩を引いてみよう。

去古日已遠　古《いにしえ》を去ること日に已に遠し
百偽無一真　百の偽に一の真無し

元好問　げんこうもん［1190-1257］金の詩人。太原（山西省）の人。官職につくことを繰り返したが、蒙古軍の捕虜になって釈放後は無位無官で各地を遊歴した。金代の詩の総集「中州集」などを編纂。詩文集「元遺山先生全集」がある。

独余酔郷地
中有羲皇淳
聖教難爲功
乃見酒力神
誰能釀滄海
尽酔区中民

独だ余す酔郷の地
中に羲皇《ぎこう》の淳有り
聖教　功為り難し
乃《すなわ》ち見る　酒力の神なるを
誰か能く滄海を醸して
尽《ことごと》く区中の民を酔わしめん

『飲酒』其の二
太古の理想境から日一日と遠くなっていくがゆえに、偽りが満ち満ちて一つの真実もない。

ただ一つ酔郷のみが健在で、そのなかには伏羲氏の治めたよろしき時代の純朴な姿がある。

聖人賢人の教えが役に立たなくなってから、酒の力の霊妙不可思議さが目立ってきた。

誰かあの大海原の水を醸造して酒に変え、世界中のすべての民を酔わしてしまうことはできないものか。

『中国詩人選集　元好問』(岩波書店)より

詩の中で「聖教」すなわち儒教を「酒力」と相対させ、「区中」すなわちこの世の「偽」を「酔郷」の「真」と対比させていることから、陶淵明や王績の流れを汲むものだということがわかる。

しかし王績の「酔郷」は結局の所消極的な厭世の方法に過ぎなかった。彼を去ること百年ののち、中国にはついに酒の無窮の魅力を語りつくし、「酒仙」の名に恥じぬ人物が現れた。李白である。

四、酔聖の狂気——李白

李白《りはく》（七〇一—七六二）、字は太白、号は青蓮居士、祖籍は隴西の成紀（今の甘粛省天水県）であるが、生まれたのは中央アジアの砕葉（今のキルギス共和国トクマク市）であった。幼い頃父に随って綿州彰陽（今の四川省江油県）に移り住んだ。二十五歳で四川を離れ、ほぼ一生を漂泊のうちに送った。

もしも東アジア各国の歴史の中で「酒仙」を一人選び出すとしたら、中国人であろうと、日本人であろうと、おそらく誰もがまず李白に票を投じるであろう。「百年三万六千日、一日須《すべから》く三百杯を傾けるべし」（『襄陽歌』）、「三百六十日、日日酔うて泥の如し」（『内《つま》に贈る』）。これが李白による自画像である。彼が初めて長安にやってきたとき、酒豪で知られる賀知章*が李白の詩と泰然自若たる飲みっぷりの常ならぬに感じ入り、「謫せられし仙人か」と声をかけ、腰に帯びた金の亀をすぐさま解いて酒代にし、李白と共に飲んだという。当時の人はこれによって彼を「酔聖」と呼んだ。またその死に様までが美しい伝説となっている。李白は采石磯《さいせきき》（今の安徽省馬鞍山市《ばあんざんし》）で酒に酔い、水中の月を掬おうとして長江に墜ちて死んだと言われ、後人は彼を記念してここに「捉月亭《そくげってい》」なるあずまやまで建てた。しかし学者たちは晩唐の詩人皮日休『七愛詩』に李白は「腐脇の疾」で死んだと述べるのに基づき、恐らくアルコール中毒によって胸部に化膿による穴が開き、亡くなったのであろうと考えている。

李白における酒は主に二つの方面から考えられる。一つは反骨、もう一つは豪気である。

一たび酔わば累月王侯を軽んず

まず反骨の方から見ていこう。李白は非常に強烈な批判精神と反抗的な性格をもっていた。そして酒はまさにそんな彼の肝っ玉をより太くし、すべての不合理な社会現象に対して強力な衝撃を与える行動を後押ししたのだ。李白が生きた時代は所謂「盛唐」の世であるが、唐王朝がまさしく全面的な繁栄を迎えていった

賀知章　がちしょう［659－744］唐の詩人。永興（浙江省）の人。放縦な性格で、酒を好み、李白と親交があった。飲中八仙の一人。また、行書の名手でもある。

采石磯太白楼　［安徽省馬鞍山］ 晩年は当塗で過ごし、よく采石磯を訪れ酒を飲み詠ったという。

図44　蘇六朋「太白酔酒図」 清代　紙本着色　204.8×93.9cm　北京故宮博物院蔵

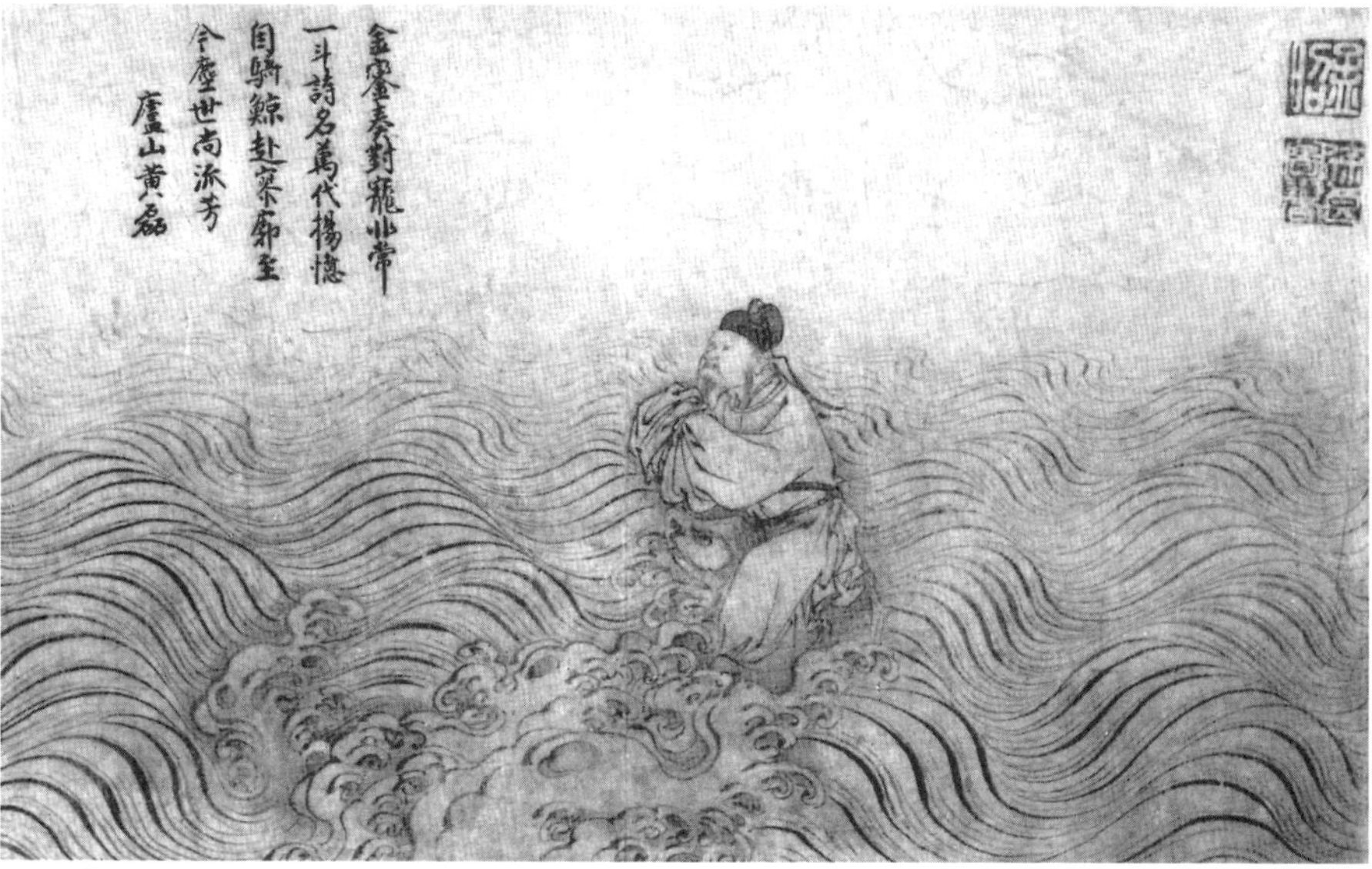

徐良「太白騎鯨図」 明代　紙本墨筆　26.1×44.7cm　淮安市博物館蔵　官服を着て拱手する李白が鯨に乗る。おおらかな絵である。

時代であった。しかし唐の玄宗*が楊貴妃*を寵愛し、政治を顧みなくなっていったため、楊貴妃の従兄である楊国忠と宦官の高力士*に権力の専横を許し、大唐帝国は一歩ずつ下り坂を歩み始めていた。これが最終的には「安史の乱*」に結びついていくこととなる。

李白はこのような今をときめく権勢に対し、酒の力を借りて思うさま戯れなぶったのである。様々にある伝説を総合すればこのような話になる。ある時玄宗は李白に詩を作らせて楽しもうとしたが、彼は酔っ払って寝ておりまだ目を覚ましていなかったので、人々が彼を助け起こして宮殿へと連れてきた。冷水で顔を洗ってやると、何とかほんの少し酔いも醒めてきた様子。李白は酔眼を開いて朦朧としながらもあたりを見回すと、高力士が傍にいたので、足を伸ばして高力士に靴を脱がせようとした。しかしこの高力士、皇太子も彼を「兄上」と呼び、公主は「御爺様」と呼び、大臣たちは「父上」と奉り、玄宗ですら「将軍」と呼ぶほどの並びない権勢であることを理解しておかなくてはならない。ところがこの時は高力士も致し方なくはいつくばって、李白の靴を脱がせてやった。つづいて李白はまた酒の勢いを借り、楊国忠を指名して墨を擦らせた。玄宗は李白の名作を楽しみにするあまり全てを許可した。墨が擦られると、李白はようやく筆を振るって、たちまち書き上げた。

この話はすべてが事実というわけではないだろうが、李白自身が「一たび酔わば累月王侯を軽んず」（『旧游を憶いて譙郡元参軍に寄す』）と自称し、杜甫も

玄宗 →p.43

楊貴妃　ようきひ［719–756］
唐の玄宗皇帝の妃。永楽（山西省）の人。才色すぐれ歌舞音曲に通じ、寵を一身に集めて楊一族も権勢を誇った。安史の乱で官兵に殺された。多くの文学作品の題材となった。

高力士　こうりきし［684–762］
玄宗の側近。安史の乱で失脚した。

安史の乱　755年、節度使の安禄山と史思明らが起こした反乱。763年、粛宗の代に鎮圧。以後、唐の中央集権体制は弱体化した。

「天子の呼び来たりても船に上らず、自ら称して臣は是れ酒中の仙と」（『飲中八仙歌＊』）と言うからには、「王侯」であろうと「天子」であろうと公然と軽視する豪胆さを有する男として、李白はやはり強い反骨精神をもっていたイメージが強い。彼が朝廷で官職についていた時期は非常に短いが、それも彼が宮中でいつも酔っぱらっているため、玄宗もいたしかたなく、厚い手当を与えて山林へ帰らせるほかなかったのである。図44（一三三頁、カラーは一〇四頁）は清代の画家蘇六朋が描いた『太白酔酒図』で、李白は酔っ払って二人の宦官に支えられ、李白の顔にはかすかに赤みがさしているが、昂然として横目で宦官らを見ている。二人の宦官は不満そうだが、李白の前ではおとなしく服従するほかはなかった。服装の色合いも対照的で、李白は白い服に赤の靴、宦官らは暗くて卑しい感じで、構図はとても巧妙である。

一杯一杯また一杯

もう一つの豪気の方をみてみよう。李白の詩を読んだものは誰でも、胸の内をさらけ出した率直さと、自分と衆多との違いを誇示する自信と、高揚する気概とを鮮明に感じ取ることができる。こうした率直さ、自信、そして気概は、多くは酒を借りて噴出し、酒によって描き出されていくものである。時には彼とて「刀を抽《ぬ》きて水を断てども水　更に流れ、杯を挙げて愁いを消さんとすれば　愁い更に愁わし」（『宣州謝朓楼《しゃちょうろう》にて校書叔雲に餞別す』）と嘆くこともあるが、李白はじめじめした酒や苦い酒は飲まないし、まして涙を含んだ酒は絶対にありえない。

＊→p.168

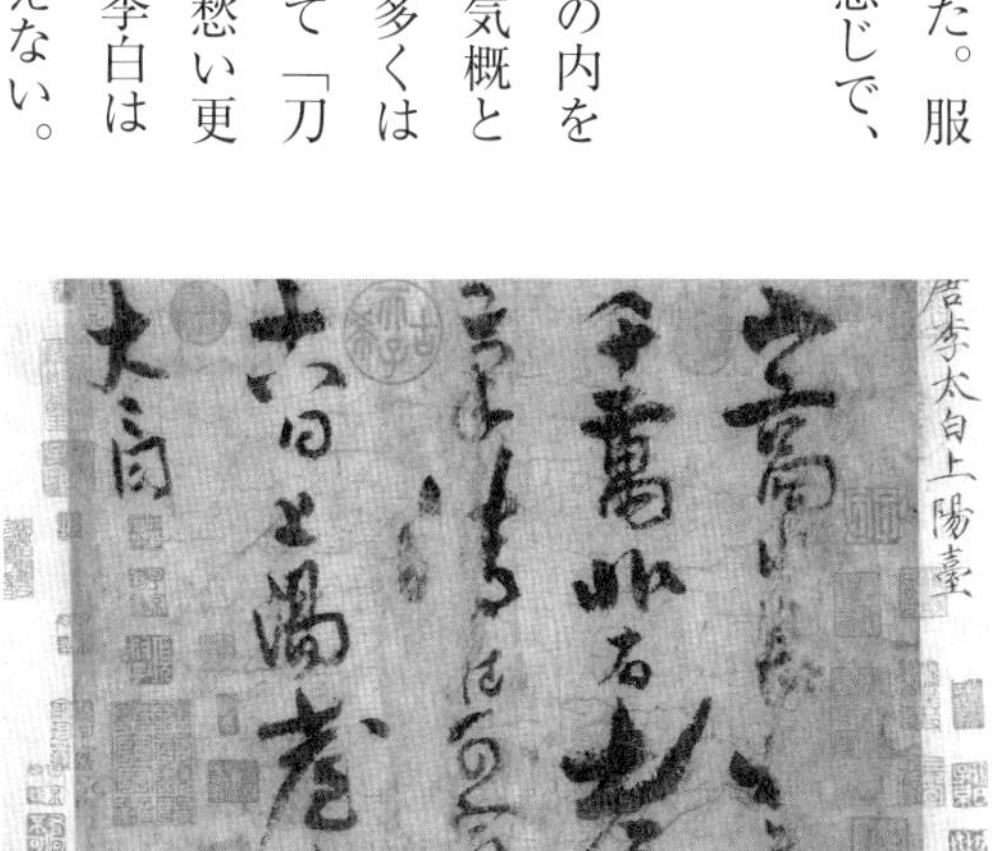

【上陽台帖】李白が書いたものといわれる　北京故宮博物院蔵
山高水長　物象千萬
非有老筆　清壯可窮
十八日　上陽台書
太白

彼の飲酒詩には、いつも李白独特の楽観的で豪快な高揚する旋律が流れているのだ。「自ら是れ客星の帝座を辞せるにして、元より太白の揚州に酔えるに非ず」（『崔侍御に酬ゆ』）、「酔い来たりて空山に臥す、天地　即ち衾枕《きんちん》なり」（『友人と会宿す』）などをみれば、前者は自分の酔態を天の星が下界に生まれ変わったのに喩え、後者は酔いつぶれて無人の山野に眠り、天を布団に地を枕にするという。こうしたロマンチックな味わいは、李白をおいて他にはないだろう。たとえ日常的な飲酒の場面を描いても、同様に細かいことにこだわらず、なにも憚るところのない率直な性格が表れている。たとえば彼の『山中幽人と対酌す』を見てみよう。

両人対酌山花開　　両人対酌して山花開き
一杯一杯復一杯　　一杯一杯復《ま》た一杯
我酔欲眠卿且去　　我酔うて眠らんと欲す　卿《きみ》　且《しばら》く去れ
明朝有意抱琴来　　明朝意《い》有らば琴を抱えて来たれ

この詩の三句目は、前に引いた『陶淵明伝』の文言を直接引用しており、李白の率直さが陶淵明の直系に位置することがわかる。またこの詩の二句目はいっそう人々によって愛誦されるところとなった。何の飾り気もない口語そのものだが、しかしかえって二人が酒を酌み交わし、思うままに酔っぱらう対酌の楽しき場景が、いきいきと描き出されている。この「幽人」なる御仁はその名も不明だが、李白と意気投合する仲だったのであろう。

李白の一生は流浪の中に送られたが、たとえ行きずりの縁しかない名もなき小

『山の中で隠者と対酌する』

ふたり向かい合って酒をつぐ傍らに、山の花が美しく咲いている。
一杯、一杯、もう一杯。
私は酔って眠くなってきた。あなたはひとまずお帰りください。
明日の朝もまた、お気持ちがあれば、琴を抱えて来てください。
『李白詩選』（ワイド版岩波文庫）より

人物であったとしても、酒の上での知己となれば、彼はつねに誠を以てこれに対した。ある時李白が山東にやってくると、現地の小官吏がその名を慕い、酒一斗と魚二匹を手に訪ねてきた。魚はまだ活きていて、皿に置くとひれを踊らせてはね回り、天に上ろうとするかのようであった。李白は人に命じてすぐさま料理させ、「児を呼び几を払わしめて霜刃を揮わば、紅肥の花落ち白雪霏たり」（『中都の小吏斗酒と双魚を携えて逆旅に贈らるるに酬ゆ』）、魚の肉の赤きを花に、白きを雪に例える。この描写からは、李白が食べていたのは刺身であったことがわかる。中国で刺身を食べた歴史はたいへん古い。古代では細かく切った生肉や刺身を「膾」といい、魚だけに限る場合は「鱠」と書いた。図45は河南省偃師で出土した北宋の画像磚「鱠をたたく料理人」だが、一人の女性が袖をまくり上げて魚を切っているのが見られる。この習慣は明代までずっと続いていたが、のち次第に消滅し、現在都市のレストランで食べられる刺身はほとんど日本の影響を受けたものである。しかし李白の時代においては、これは美食の一つであった。李白とこの小吏は腹一杯飲んで食って、それからそれぞれ馬にまたがると、手を振って別れた。

李白の酒の飲み方がこのように豪傑の風を具えていたため、彼はどこに行っても歓迎され、人々は争ってその堂々たる風采を一目見ようとした。『月を玩ぶ金陵城西の孫楚酒楼』という詩の中で、彼は友達と金陵（今の江蘇省南京市）の酒楼でしたたかに酔った後、連れだって秦淮河《しんわいが》から小舟に乗ってもう一人の友人

図45　婦女斫鱠画像磚　北宋　高34.1cm　幅24.1cm　伝河南省偃師県出土　中国歴史博物館蔵

の家へ向かったところを描く。李白は朝廷の官服である「烏紗巾」「紫綺裘」を無雑作に体にひっかけ、酔っぱらった男たちが船の上でどたばたとあばれ、訳の分からないことをわめき散らしている様に、いつしか両岸は黒山の人だかり、彼らの酔態を見てはみんなで手を打って大笑いしている。この詩全体がすでに一幕のよくできた喜劇の様相を呈しているではないか。

そして李白の反骨と豪気をもっとも集中的に表現し得ているのは、やはり有名な『将に酒を進めんとす』である。

君不見　黄河之水天上来
奔流到海不復回
君不見　高堂明鏡悲白髪
朝如青絲暮成雪
人生得意須尽歓
莫使金樽空対月
天生我材必有用
千金散尽還復来
烹羊宰牛且為楽
会須一飲三百杯
岑夫子　丹邱生
将進酒　杯莫停

君見ずや　黄河の水天上より来り
奔流し海に到って復《ま》た回《かえ》らず
君見ずや　高堂の明鏡白髪を悲しむ
朝には青絲《せいし》の如きも暮には雪と成る
人生意《い》を得れば須《すべか》らく歓を尽くすべし
金樽をして空しく月に対せしむることなかれ
天我が材を生ずる　必ず用有り
千金散じ尽くせば還りて復《ま》た来たらん
羊を烹《に》牛を宰《さい》して且《しば》らく楽しみを為さん
会《かなら》ず須《すべか》らく一飲三百杯なるべし
岑夫子《しんふうし》　丹邱生《たんきゅうせい》
将に酒を進めんとす　杯を停むる莫《な》かれ

『将に酒を進めんとす』


君よ見たまえ、黄河の水が天から流れ下るさまを。勢いすさまじく海に流れ込むと二度とは戻らぬのだ。

また、見たまえ、立派な屋敷で鏡に映る白髪を悲しむ人の姿を。朝にはみどりの黒髪だったものが、晩には雪の白さとなるのだ。

人生は楽しめるうちに存分に歓を尽くしておかねばならぬ。黄金の酒樽をむなしく月光にさらしておくことはない。

天から与えられたわが才能は、必ず用いられる時が来る。金銭などはいくら使い果たしても、きっとまたもどってくるものだ。

羊を煮、牛を料理して、まずは歓

与君歌一曲　君が与《ため》に一曲を歌わん
請君為我側耳聴　請う君　我が為に耳を側けて聴け
鐘鼓饌玉不足貴　鐘鼓饌玉　貴ぶに足らず
但願長酔不復醒　但《た》だ長酔して復た醒めざるを願う
古来聖賢皆寂寞　古来　聖賢　皆寂寞
唯有飲者留其名　唯《た》だ　飲者のみ其の名を留むる有り
陳王昔時宴平楽　陳王　昔時　平楽に宴し
斗酒十千恣歓謔　斗酒　十千　歓謔を　恣《ほしいまま》にす
主人何為言少銭　主人　何為れぞ　銭少なしと言わん
径須沽取為君酌　径《ただ》ちに須《すべから》く沽《か》い取って君が為に酌むべし
五花馬　千金裘　五花の馬　千金の裘
呼児将出換美酒　児を呼び将《ひ》き出して美酒に換え
与爾同銷万古愁　爾《なんじ》と同に銷《け》さん万古の愁

この詩に表出している激しい気勢は、冒頭の一句のごとく、黄河の水に等しくして、一瀉千里の勢いをもちながら瞬時に千変万化を遂げる。天上から大海まで広がる無限の空間、朝から夜までの短い人生、古代の聖賢から今現在の酒客に至る歴史の大河、強い自負から極端な退廃への感情の起伏、それらがこの短い詩の中にあますところなく表現されているのだ。ここまで赤裸々に、かつ疾風怒濤のごとく自らの豊かな精神世界を描き出した感動的な詩作は、やはり酒の力を借り

楽を尽くそう。飲むからには必ず三百杯は飲みほすべきだ。岑先生、丹丘君、さあ、酒をつごう。遠慮してくれるな。あなたがたのために一曲歌おう。どうか耳をすませて聞いてほしい。美しい音楽も豪勢な料理も貴ぶに足りない。ただ望ましいのは、いつまでも酔いから醒めずにいることだ。昔から聖人も賢者も死んでしまえばそれっきり、ただ飲んべえだけが歴史に名をとどめている。

昔、魏の曹植は平楽観で宴を開き、一斗一万銭の高価な酒で歓楽を尽くしたという。主人たる私が、なんで金が足りないなどといおうか。いくらでも買ってきて飲んでいただこう。

毛並みすばらしい名馬も、千金の皮衣も、店のボーイを呼んで持って行かせて美酒に変え、あなたがたと一緒に吹き飛ばそうではないか、この限りなき愁いを。

『李白詩選』（ワイド版岩波文庫）より

なくては吐露されなかったものである。

ここからわかるのは、李白の酒の飲み方やその詩が永い年月に人々を引きつけ、憧れを誘ってきたのは、その中にほとばしる精神の自由への希求、個性の解放への熱い呼び声に鍵があったのだということである。人間性を束縛する儒教の道徳規範がひろく覆いつくした中国という土地にあって、杯を高く掲げた李白こそは、たいまつを掲げた「自由の女神」のごとく、人間性という輝きを放ち続けているのである。後世の酒屋が多く「太白酒家」を名にし、旗印に「太白の遺風」と記すうらには、酒の力を借りて自我を押し広げていくこの強烈な個性への憧れが存在しているのだ。その影響をこうむって、日本には李白そのひとの名前を直接酒の名前にしているところまであり、島根の「李白酒」がそれである。彼の影響の大きさを物語っているだろう。

五、酔吟の楽しみ――白居易（白楽天）

白居易《はくきょい》（七七二―八四六）、字は楽天、晩年に自ら香山居士《こうざんこじ》と号し、下邽《かけい》（今の陝西省渭南県）の人であった。

白居易の一生は前半・後半の二つの時期に分けられる。若い頃は革新を追求し、時の政治を批判することを以て己の任務としていたので、詩文の中に酒が詠まれることは少なかった。しかし四十四歳の時に直言が原因で権力者にうとまれ、左遷されたことで、これ以後政治に対する情熱は次第に冷めてゆく。体はまだ官界

白居易像　台北故宮博物院蔵

にありながら、彼の心はすでに山林にあり、こうした状態を白居易は「中隠」と呼んだ。彼は隠逸に三種あると考えた。「大隠」は朝廷に「隠」れることで、これは特別な権力的背景を持っていないと無理である。「小隠」は伝統的に陶淵明の如く山林に隠れるもので、このタイプはまた清貧に過ぎる。「中隠」こそは市井に「隠」れるもので、両者の間に立つ。官員としての待遇も受けられ、生活維持に保証があるし、またそれでいて政界の動乱を避け、安全でおそれなく過ごせるのである。その具体的な形式はやはり酒であった。彼は劉伶の『酒徳頌』をまねて『酒功賛』をつくり、酒を飲めば「百慮斉しく息《や》み」「万縁皆な空なり」となり、人生の一切の栄辱を忘れることができると述べた。

彼はまた陶淵明や王績の衣鉢を継ぎ、自伝『酔吟先生伝』を記し、この一生には酒と詩しかなく、彼にとって「酔うては復た醒め、醒めては復た吟じ、吟じては復た飲み、飲んでは復た酔う」の繰り返しこそ最高の快楽であると言ってのけた。詩の中に酒を詠み込むことについて、もしもその作品数だけでカウントするのであれば、白居易は唐代の詩人の中で群を抜いた多さを数える。ある統計によれば白居易の詩の中に「酒」の字が現れる回数は六五四回、もしもそれぞれの詩に一回ずつと数えれば、彼の書いた詩全体のうち二二パーセントを占める。一方李白の詩に「酒」が現れるのは二〇六回で、同じように計算すれば全体の二〇パーセントとなる。つまり絶対数で言っても比率で言っても、白居易は李白を超えているわけだ。

香山寺［洛陽市］

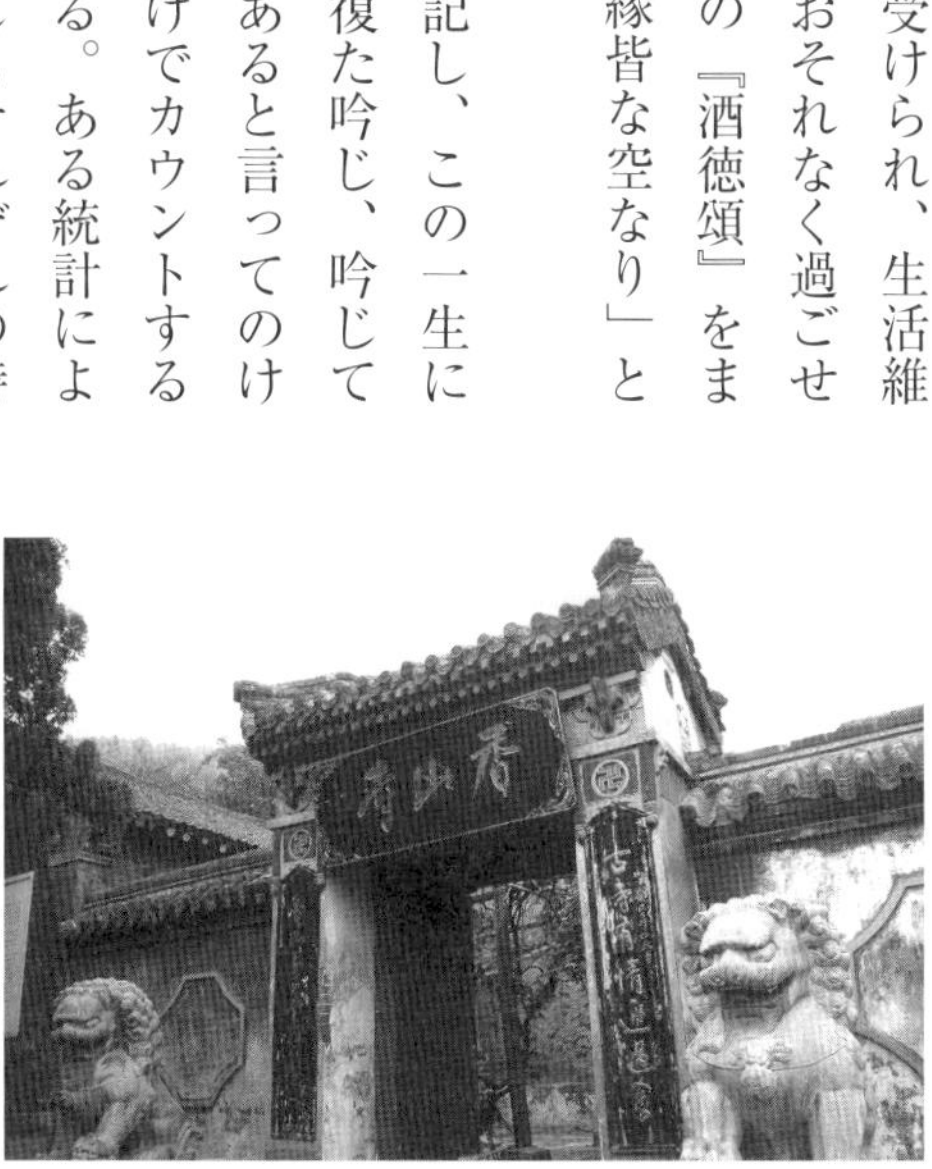

白居易は75歳で没し、遺言によって洛陽郊外にある縁の深い香山寺に葬られた。墓を訪れた人は酒を愛した彼の霊を慰めるべく、酒を墓にそそぎかけ、墓前はいつもぬかるんでいたという。

白居易の飲酒哲学をもし一つの字で表すとするならば、彼がしばしば強調した「適」こそがふさわしかろう。彼は酒によって愁いを洗い流し、楽しみを得るという基本命題を極限まで推し進めた。彼が飲酒の妙を集中的に書き表したのは、晩年に洛陽で詠んだ『酒を勧む十四首』である。この連作詩はまた二つの部分に分かれる。うち七首は「何処にても酒を忘れ難し」と語り、昇進したり、手柄を認められたり、または人と離別したりといった人生の喜怒哀楽には酒を欠かすことができないことを述べる。残りの七首では「来たりて酒を飲むに如かず」と語り、隠者・農夫・軍人・道士などさまざまな人たちの苦しみに比べれば、やはり酒を飲むのが一番の幸せだという。彼は繰り返し、上には劣るが下には優る、まずまずのところだと自らを誇り、「中隠」生活の楽しみに得意げな様子を示すが、それらと結びつけて考えれば、酒は確かに白居易に人生最大の満足をもたらしたようである。

飲酒の快感を存分に味わうために、白居易はさまざまな工夫を凝らした。例えば彼は「卯時酒」、すなわち早朝五時から七時の間に飲む酒を特に愛した。この時間帯は目覚めたばかりでお腹の中はからっぽであり、最も酒の酔いが回りやすいので、ふつう人は避けるものである。しかし白居易はかえってわざわざこれを好み、「神速功力倍たり」（『卯時酒』）と喜び、アルコールの刺激を最大限度まで味わうのであった。また彼は野外で酒を飲むことを好み、酒興を借りて大自然に親しんでいた。「林間に酒を暖めて紅葉を焼き、石上に詩を題して緑苔を掃く」

楊貴妃の墓［陝西省興平県］

『長恨歌』 玄宗皇帝と楊貴妃との愛と悲しみをつづった七言古詩。日本文学にも大きな影響を及ぼした。

（『王十八の山に帰るを送り、仙遊寺に寄題す』）。題にある仙遊寺は長安の西に位置し、白居易がことのほか好んだ場所である。かの有名な『長恨歌*』はこの山寺で執筆された。この一聯は日本で広く愛誦され、『和漢朗詠集*』にもとられているし、『平家物語*』の中では、雑役たちが高倉天皇のとりわけ大事にしていた紅葉を燃やして酒を温め、責めを受けたときにこの二句を引用し、懲罰を免れたという話がある。江戸時代後期には市河寛斎*を筆頭とする江湖詩社が白居易を尊崇し、「香山詩社」を結成したが、メンバーの一人である柏木如亭*の詩「紅を焼きて林に酒を煖め、緑を掃きて石に詩を題す」は、まさしく白居易の原作そのものを模倣している。

白居易の詩の重要な特徴は、人情味に溢れているところにある。彼の字「楽天」にふさわしく、その飲酒詩はつねに人生に対するあたたかいまなざしと、誠実な友情への想いに溢れている。白居易の無二の親友である元稹*との間に交わされた詩歌の唱和がいつも主題にしていたのは、酒であった。白居易は『酒を勧めて元九に寄す』の中で、元稹に熱心に飲酒をすすめ、これは「愁いを銷《け》す薬」であると言う。またもう一人の友人に送った短い詩『劉十九に問う』ではこんな風に言う。

緑蟻新醅酒　　緑蟻　新醅の酒
紅泥小火爐　　紅泥　小火の爐
晩来天欲雪　　晩来　天　雪ふらんと欲す
能飲一杯無　　能く一杯を飲むや無《いな》や

『和漢朗詠集』 平安中期の詩歌集。2巻。藤原公任撰。朗詠のための漢詩約590句および和歌約220首を、四季・雑に分類して収めたもの。出典は「白氏文集」が最も多い。

『平家物語』 鎌倉時代の軍記物語。作者・成立年未詳。

市河寛斎　いちかわかんさい［1749－1820］江戸後期の儒学者・漢詩人。上野(こうずけ)の人。昌平坂学問所に学び、富山藩校教授となった。著「日本詩紀」「全唐詩逸」など。

柏木如亭　かしわぎじょてい［1763－1819］江戸後期の漢詩人。江戸の人。詩を江湖詩社に学ぶ。幕府の大工棟梁という家職を辞め、放浪の詩人として生涯を過ごした。著「如亭山人遺藁」「詩本草」など。

元稹　げんしん［779－831］中唐の詩人。河南の人。宰相。白居易の親友で唱和の詩が多く、「元白」と併称される。著「元氏長慶集」。

劉十九は白居易の友人であり、十九とは姓を同じくする一族兄弟の中で十九番目に位置することを示す。新しく醸した米の酒は濾過を経る前には表面に米の滓が浮かんでいる。これが淡い緑色をしていて、蟻のように細かいことから、「緑蟻」と言うのである。最後の「無」は疑問詞であり、「否」に相当する。私につきあって一杯飲んでくれないか、とたずねているのである。この詩は心を込めて丁寧に書き上げた招待状のようなものであり、緑蟻と紅泥がきれいなコントラストの妙を成していて、その色彩の中に醸したばかりの酒の香りがただよい、ほんのりと心を温めてくれる。そして白居易が示した、友人に対する思いやりと真心の溢れる友情は、寒い夜の旨い酒よりももっと魅力的である。筆者の故郷である南京には「紅泥大酒店」という名店があるが、この詩から名づけられたものだ。

陶淵明や李白に比べると、白居易がくりかえし酒の楽しみを謳歌しているのは、時にやや俗っぽい印象を与えるかもしれない。しかし「凡人」が大多数を占めるこの世において、白居易が凡人の立場から、飲酒の俗世的快楽を存分に表現し尽くしたことは、やはり酒文化に対する貢献の一つであり、とりたてて低く評価すべきではないだろう。

六、下戸の横好き――蘇軾（蘇東坡）

蘇軾（一〇三七―一一〇一）、字は子瞻、号は東坡居士、眉山（今の四川省眉山県）の人。彼は一生官界に身を置いたが、たびたび左遷や流謫《るたく》にあい、波乱に

三蘇祠の蘇東坡塑像［眉山県］

満ちた生涯を送った。

　蘇軾は古代の文人の中で珍しいほどのオールマイティな文学者かつ芸術家であり、詩・書・画の全てにおいてめざましい作品を残しているが、そこにはやはり酒が一役果たしていた。詩についてはあとにまわすとして、まず書から見てみよう。蘇軾は酒の後に書をなすと、大きな字の草書を見事に書くだけでなく、細かい小楷までも書くことができるため、彼自身すら「奇」であると、自ら満足げに述べている。その『草書の後に跋す』を見てみると、酔いに乗じて草書を書くときは、「酒気の拂拂として十指の間自《よ》り出づるを覚ゆる也」としている。友人が洞庭湖の特産品である黄柑*で酒を醸し、「洞庭の春色」と名づけたとき、蘇軾はそれを飲んで「色・香・味三つともに絶たり」と評し、『洞庭春色の賦』までつくった。図46（一四七頁）は吉林省博物館に現存するこの作品の真跡である。蘇軾はまた酒を飲んだ後に絵を描くことを得意とした。特に優れたのは竹石の画である。彼によれば、酒が自分の空きっ腹に入ってくると、鋭い葉先をもった竹の葉に変じ、酒が肺腑に染みわたると、竹枝や石に変ずる。そしてそれらは酒気と共に友人の真っ白な壁の上に噴き出し、たちどころに奇観を成すのである（『郭祥正の家にて酔うて竹石を壁上に画く』）。図47（一四七頁）は蘇軾の描いた『枯木怪石図』と伝えられる作品であるが、先人によればこれは彼の胸中に鬱屈する気を描いたものだそうだ。木が枯れさび石に皺が刻まれた奇異な構図から鑑みるに、或いは酒を飲んだ後に書いたものかも知れぬ。

黄柑　長江以南に栽培される柑橘

美食家として

蘇軾は非常な美食家でもあった。彼が発明した紅焼肉《ホンシャオロウ》*は「東坡肉《トンポーロウ》」と呼ばれ、今に至るまで中華の名物料理のひとつである。また黄州に左遷されたときには、生活の貧困のため、自分で「蜜酒」を醸したが、彼が『赤壁の賦』*（カラー一一二頁）で酒を携えて江に遊んだ様子を記すのは、この酒を飲んでいた時かもしれない。のちにはまた「桂酒」「松酒」「万家春」などを醸した。そして「真一酒」の醸造法も蘇軾が発明したものであったが、彼が『真一酒を嘗す』の中で仙人にそれを教えてもらったと書いたことで、そもそもが無名の自家製酒に、神秘的な要素が加えられたのである。

しかし実際には蘇軾の酒量はたいしたことはなかったらしい。彼は『東皐子伝の後に書す』でそれを告白しているが、その大意はこのようなものである。

私は一日中酒を飲み続けたとしても、その量は五合を越えることはないだろう。この世の中に私ほど酒の飲めない人間はいないのではないかと思う。しかし私はお客が酒を飲んでいるところを見るのが好きだし、その時の胸中はとても楽しいもので、「酣適《かんてき》の味」、つまり酒を飲む快感は、お客をも越えるほどなのだ。私の所にはほぼ毎日客がやってきて、お客が来ると必ずお酒を勧めて飲ませるから、この世の中に私ほど酒が好きな人間がいない、とも言えるのだ。

酒があまり飲めなくて、それでいてたいへん酒が好きだというが、蘇軾が酒に

紅焼肉　醤油と砂糖などで甘辛く煮込んだ料理

赤壁の賦　蘇軾が1082年7月と10月、赤壁に遊んだおりに作った、前後2編の賦。それぞれ、「前赤壁賦」「後赤壁賦」と題される。

洞庭湖［岳陽］

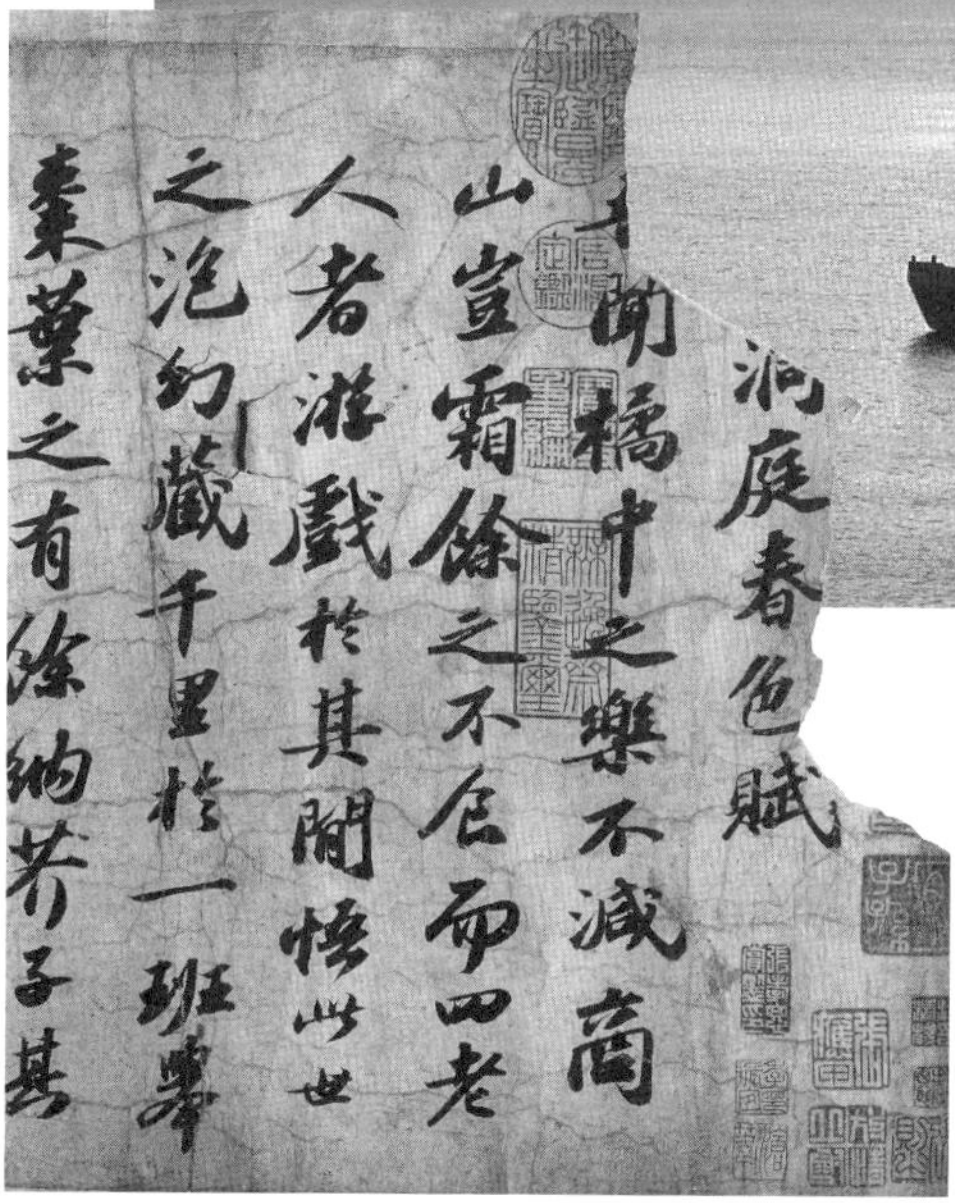

図46　蘇軾「洞庭春色の賦」部分　北宋
紙本行書　28.3×306.3cm　吉林省博物館蔵
蘇軾の真蹟といわれる

図47　蘇軾「枯木怪石図」　北宋　紙本墨筆　これも蘇軾自身の描いたものと伝えられる

求めていたのはいったい何だったのだろうか。

　それが文中に述べる「酣適の味」である。この境地に至るためには、蘇軾によるとまず暴飲してへべれけに酔っ払ってはならず、「半酣（ほどほどに飲む）」に抑えることが必要である。「我飲みて器を尽くさず、半酣　味最も長《まさ》る」（『湖上夜帰』）。こうした適度な飲酒は「微酔」あるいは「微醺」とも言い、蘇軾と同時代の邵雍は「美酒は微醺の後に飲ましめ、好花は半開の時に香り到る」（『賞花』）と述べた。この後明代の洪応明『菜根譚』の「花は半開を看、酒は微醺を飲む」が日本語でもことわざとなる。もちろん類似した考え方は日本にもとからあり、十四世紀の『徒然草』に「花は盛りを、月は隈なきをのみ観るものかは」と言っている。酒も同様で、「半酣」の状態でこそ、酒の「妙理」が存分に味わえるというわけだ。

　蘇軾には酒を愛でた一作があり、『濁醪に妙理有るの賦』という。「濁醪」は濁り酒で、等級としては低めの濾過を経ていない酒である。濾過を経ると「清酒」となり、等級が上がる。中国古代では清酒と濁り酒の比喩で人の賢愚高下をあらわす言い方もあった。文章の冒頭では、「酒は濁れるを嫌う勿かれ、人は当に醇を取るべし」といい、重要なのは酒の善し悪しではなくて、「醇」を取ることができるかどうか、すなわち「酣適の味」を取ることができるかどうかにかかっているという。つづいて酒がいかに人の精神を跳躍させ、言葉では伝えがたい茫漠混沌たる境地に連れて行ってくれるかを力説する。その中で最も重要な二句は

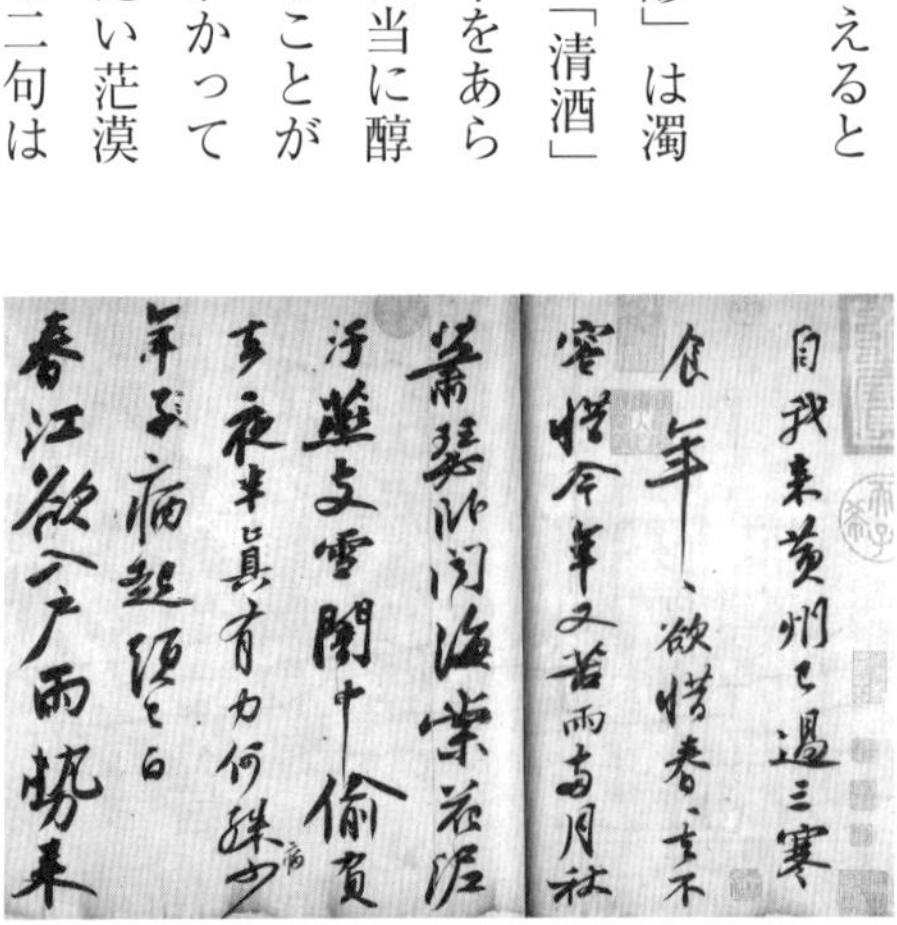
蘇軾「黄州寒食詩巻」　書家としての蘇軾。1082年、黄州に流謫中の詩。

「酔に在りて常に醒め」、「意を得て味を忘る」である。すなわち、蘇軾は心の中では「醒め」ていて、むしろ倦まず求め続けるのは酒の中にある「意」であり、それを得たならば、酒の「味」は忘れてしまってもよいのである

陶淵明に和す

それではもう一歩踏み込んで、蘇軾が得た「意」とは一体何だったのであろうか。彼の『陶の神釈に和す』という詩の一部分を見てみよう。

莫従老君言　　老君の言に従うことなかれ
亦莫用仏語　　亦《ま》た仏語を用うるなかれ
仙山与仏国　　仙山と仏国とは
終恐無是処　　終《つい》に恐らく是の処《ところ》無し
甚欲随陶翁　　甚だ陶翁に随《したが》いて
移家酒中住　　家を移りて酒中に住まんと欲す
酔醒要有尽　　酔醒　尽《つくる》有るを要す
未易逃諸数　　未だ諸数を逃れ易からず

これは蘇軾の晩年、海南島に左遷された時に作った詩である。人生の浮沈を嘗め尽くした後、彼は陶淵明の飲酒哲学により深い理解をなし、晩年で百余りもの陶淵明に和する詩を作っている。ここに挙げたのは陶淵明の『神釈』に和したものので、引用した部分の大意は次のようになる。道と仏の双方は茫漠としてつかみがたく、なかなか到達しがたいため、私は陶淵明の真似をして、酒の中に引っ越

東坡書院　海南島での蘇軾の住居。黎族の教育に力を注いだ。裏には地元の人が建てた「載酒亭」がある。

してしまうくらいしかできない。とはいえ、最終的にはやはり「数」――いつの間にか運命の中で決まってしまっていること――は逃れがたいのだ。酔と醒とを同等に見た、このような伝統を否定する飲酒の観念から、我々は蘇軾の大いなる悟りを知ることができる。すなわち、人生には多くの愁いや悩みがありすぎて、仏や道には到達できないばかりか、現実に行いやすい飲酒ですら、やはり何の役にも立たない。それならば境遇にしたがって安んじ、胸を開いて運命が与えるすべてを受け止めることしかできず、それが詩の最後に現れる「覚」なのである。

陶淵明以来、酒が最も醒めた、最も徹底した悟りを開いたのは、蘇軾そのひとである。白居易も陶に和する詩を多く作っているが、もしも白居易を「適」で表し、飲酒の表面的な快楽に留まっているとするならば、蘇軾は「達」ということができる。酒の力によって内省の境地に踏み込んだ彼の、楽観的で気の向くままという外見の背後にきらめいているのは、この世を洞察する、透徹した―あるいは冷厳なと言ってもよいほどのまなざしであった。蘇軾の『陶の飲酒に和す二十首』の第一首には、

偶得酒中趣　　偶たま酒中の趣を得て
空杯亦常持　　空杯　亦た常に持つ

もはや酒を用いずともよくなり、「空杯」はまた常にもてあそんで無窮の楽しみを得ることができる。これこそ蘇軾が酒中に得た「意」である。古代の文人の中でもっとも知性の色を強く帯びた文学者として、蘇軾の飲酒哲学はほんとうに

『和陶飲酒』其の一

我不如陶生　世事纏綿之
云何得一適　亦有如生時
寸田無荊棘　佳処正在茲
縦心与事往　所遇無復疑
偶得酒中趣　空杯亦常持

私は陶さんにはかなわない。世間の俗事に絡みつかれている身だから、しばらくでも心中が晴れ晴れと、陶さんのようになるときが得られないものだろうか。
この胸のあたりに茨がなくなるとき、人生の楽しさはまさにそこにあるのだ。せめてわが心を事のなりゆきにまかせ、出会うことごとにためらいもなく過ごしたい。たまたま会得した酔中の趣き。空の杯でもいつも手から離すまい。

『中国古典文学大系19』(平凡社)より

物我を二つながら忘れる最高境地に到達していると言える。
最後に蘇軾の短い詩、『筆を縦《ほしいまま》にす』を見てみよう。

寂寂東坡一病翁　　寂寂たる東坡　一病翁
白鬚蕭散*満霜風　　白鬚　蕭散《しょうさん》　霜風に満つ
小児*誤喜朱顔在　　小児　誤りて喜ぶ　朱顔の在るに
一笑那知是酒紅　　一たび笑えば那んぞ知らん　是れ酒紅なるを

これも海南島にある時の作である。意味を取ると、私は老いて病の身、鬚も髪もみんな白くなってしまった。いたずらな子供は私の顔色が若々しく赤いのを見ているが、実は酒を飲んで赤いのだと誰が知ろう？　末尾の二句は白居易の「酔貌　霜葉の如し、紅なりと雖も是れ春ならず」（『酔中　紅葉に対す』）を転用したものだが、子供の誤解を中に打ち込むことで、詩意に一層の曲折を与える。さらに「一笑」によって老病の悲哀は淡化され、独特のユーモア感が醸し出された。蘇軾の諧謔や智慧、おおらかな個性は、まだ紙の上に踊っている。

ここまでで中国の古代における飲酒で著名となった文人たちを見てきた。それぞれの特徴をまとめるとすれば、このようになるだろう。陶淵明は「真」であり、彼のいう「趣き」が指向しているのは自然である。王績は「幻」であり、彼のもとめた「酔郷」には理想が託されていた。李白は「豪」であり、彼の「狂気」によって個性の解放を切り開いた。白居易は「適」であり、彼の「酔吟」が追い求

蕭散　さっぱりしてわだかまりがないさま。ここではものさみしいさまをいう。

小児　自分の息子をいう謙辞。海南島に同行した三男の蘇過を指す。

めたのは快楽であった。蘇軾は「達」であり、彼の「空杯」には人間の理知がいっぱいに盛られている。合わせて見てみると、彼らは人生哲学の中の最も基本的な理念について、酒を通して徹底的に理解を深めていったわけである。

中国古代の哲学の最高の境地は、「天人合一」であり、人の主観的な意志と客観的環境を知り尽くすこと、すなわち「和」の境地にあった。中国の文人は宗教に頼らず、玄思をせず、ただひたすら最も確かな人生の享受——飲酒によって、この境地を味わうことができた。よってこの章でそれを飲酒の哲学と名づけたのは、ぴったりのネーミングだったと言えるだろう。

第五章　想像力に翼を
——酒と文学芸術

知章騎馬似乗船　眼花落井水底眠
汝陽三斗始朝天　道逢麹車口流涎
恨不移封向酒泉　左相日興費万銭
飲如長鯨吸百川　啣杯楽聖称避賢
宗之瀟灑美少年　挙觴白眼望青天
皎如玉樹臨風前　蘇晋長斎繍仏前
酔中往往愛逃禅　李白一斗詩百篇
長安市上酒家眠　天子呼来不上船
自称臣是酒中仙　張旭三杯草聖伝
脱帽露頂王公前　揮毫落紙如雲煙
焦遂五斗方卓然　高談雄辯驚四筵

杜甫

酒は中国古代の文学創作、特に詩とは密接な関係を持っている。

詩は中国文学の主要な形式である。古代の有名な文学者——李白*や杜甫*、白居易*、蘇軾*、陸游*などを見てみると、一人として詩人でないものはなく、また一人として酒を好まなかったものもいない。中国の詩の歴史は同時に酒の歴史であると言っても過言ではないのだ。中国最古の詩集『詩経』にはすでに酒の描写が多く現れ、前漢の頃には酒を飲みながら詩を作るという風習が流行し始めている。後漢の末から魏晋にかけては宴のもようをうたうことを中心とする文人集団が出現した。しかしこの頃までは、詩における酒は単なる外部の存在にすぎなかった。すなわち酒の作用は気分を盛り上げることにとどまっていて、特に酒が詩の題材として詠まれることはなく、詩と酒は内在的な関係に乏しかった。

こうした中でもっとも早く意識的に酒と詩の間に関係を結んだのは、「酒中の趣」を発見した陶淵明*であった。彼ははじめて酒を主な題材として詩を作り、この汲めどもつきぬ謎を秘めた文学の迷宮への扉を、後世の人々に開いたのである。そしてこれよりのち唐の代にいたって、李白を代表とする詩人たちは、この迷宮の財宝をさらに豊かなものとした。ことに白居易は晩年繰り返し、「詩酒」ということこそ自らの人生のすべてであると揚言したため、「詩酒」は次第に固定した概念としてかたちをとりはじめた。詩を作るにはまず酒を飲まねばならず、酒を飲んだら、必ず詩を作らなくてはならないというわけである。こうして両者は切り離せない一体のものとなり、中国文学史上に詩と酒をめぐる洒脱な逸話を数

李白 →p.131
杜甫 →p.50
白居易 →p.140
蘇軾 →p.144
陸游 →p.172
陶淵明 →p.118

多く提供することとなった。もちろん詩だけでなく、書や絵画などの芸術もまた酒と密接な関係を持ち、様々なエピソードを残したのである。

それではこうした詩と酒の縁について、ないしは芸術と酒の関係について、その秘密を探るべく、五つの方面から見ていきたいと思う。

一、霊感の触媒——一斗　詩百篇

文学創作とは創造性を持った行為である。そこにはまず一種のひらめきが必要であり、そして酒はまさに古代の詩人たちにとって、霊感、すなわちインスピレーションを誘発するもっとも効果的な触媒であった。李白にまつわる伝説として、彼は酒に酔った状態で玄宗*のために詔書を作ったが、一度で完璧なものを書き上げ、ひとつとして手直しの必要はなかったという。彼はまた酔っぱらって楊貴妃*のために『清平調』三首を書き上げたが、その表現はいよいよ美しく、冴えわたる文才はあきらかである。杜甫が「李白は一斗詩百篇」（『飲中八仙歌』）と詠んだが、酒を飲んで想像力を駆けめぐらせる李白の才能に対する心からの賛辞である。

杜甫自身も終始酒を手放すことはなかった。「酔の裏《うち》に従いて客と為り、詩成りて神有るを覚ゆ」（『独酌して詩を成す』）とは、酒に酔うと異郷にいる身であることを忘れ、考えるまでもなく詩が口をついて流れ出てきてまるで神の助けを得たかのようだ、という意。蘇軾に至ってはもっと直接的に、酒を「釣詩鈎」

玄宗　→p.43
楊貴妃　→p.134

（『洞庭春色』）の名で呼び、酒は釣り針のようなもので、良い詩句を曖昧模糊とした中から「釣り」あげてくると言った。南宋の填詞《てんし》*の大家辛棄疾《しんきしつ》はもっと明快だ。「他《か》の詩句の好からんを要《もと》むれば、須《すべから》く是れ酒杯の深かるべし」（『臨江仙』）、酒が無ければよい詩は作れない、とすれば、詩における酒の効能のなんと大きいことよ！

祇園南海の挑戦

ところで李白が一斗の酒を飲んで百首の詩を作ることができたというのは、杜甫による誇張かも知れず、李白の伝記の中で実際にそうだったという記録があるわけではない。しかし日本ではなんとこの快挙を成し遂げた者が実際にいる。江戸時代中期の漢詩人、祇園南海《ぎおんなんかい》*は十七歳の頃、春分の日に友人と集まって宴会を開き、昼から夜まで百首の五言律詩を作り上げて満座を感服せしめたのである。しかものちに、事前に書きためておいたのではないかと疑う者が現れたので、その年の秋分の日、祇園南海はまたもやその手腕を示し、前回の壮挙がごまかしではないことを証明してみせた。彼は酒で自らの「詩腸」を潤しながら、手を止めずに書き続け、一夜のうちにまたも百首の五言律詩を作ったのであった。しかも一度目と二度目の二百首に似たような表現は全くなかったというから、人々は彼の天才に感嘆するよりほかなかった。これらの詩は『一夜百首』と題して出版されているので、今も見ることができる。この記録は日本漢詩の歴史において空前絶後の大記録であるだけでなく、中国の詩人でもこれに匹敵する者はほとんど存

填詞　単に詞とも呼ぶ。唐代に始まり、宋代に栄えた韻文の一。楽譜に合わせて文字を填めて歌詞とした。字数・句数などは様々。

祇園南海　ぎおんなんかい［1677–1751］江戸中期の漢詩人・文人画家。紀伊の人。日本南画の先駆者とされる。著「詩学逢原」「南海詩訣」など。

祇園南海肖像画

祇園南海「紅梅図」 紙本墨画　91.5×28.3cm　和歌山市立博物館蔵　左上の賛は自作の五言律詩。田舎にひっそり暮らす美しい女性の様子を嘆いたもの。

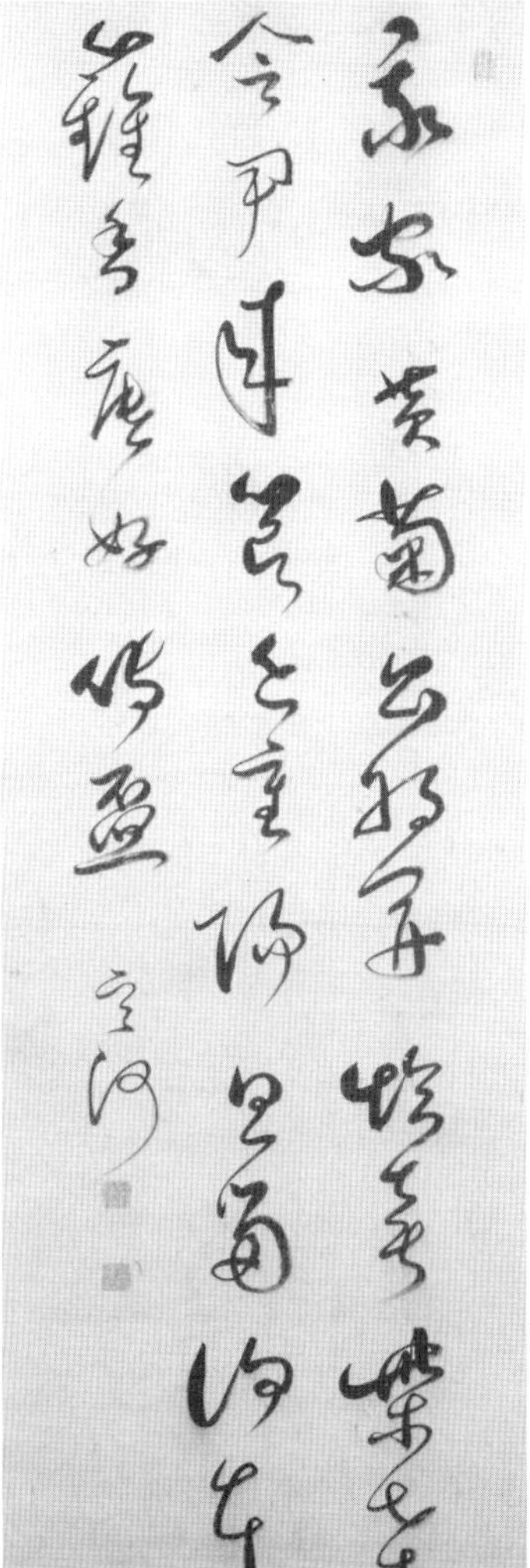

菅茶山「九月二日陶邑宰見訪」 菅茶山記念館蔵

我家黄菊亦将開　恰喜柴桑令尹来

節近重陽且留泊　東籬花底好伝杯

拙宅の黄菊も咲こうとしている。折りよく庄屋陶氏が訪ねてきてくれてうれしい。9月重陽の節も近いことだし、しばらく泊まってくれよ。陶淵明の風流よろしく東籬の菊花を賞しつつ杯をかわすのにもっともふさわしい頃だ。

在しないと言えるだろう。詩の創作の極限に挑戦するこの果敢な行動において、酒が彼の創作力に火をつける起爆剤となったことは間違いない。

女性と酒

酒によって詩情を高めたのは男性作家に限ったことではない。中国の古代にも数は少ないながら女性詩人が存在するが、彼女たちもこの風流なる習俗を嗜んでいた。宋代の著名な女性詞人李清照*や清末の革命家秋瑾*などは、どちらも詩に長じ酒に強く、酒の後に記した優れた詩句を多く残している。ここでは清代の女性詩人林佩環*による『外《おっと》に答う』を見てみよう。

愛君筆底有煙霞　　君の筆底に煙霞有るを愛せば
自抜金釵付酒家　　自ら金釵を抜きて酒家に付す
修到人間才子婦　　人間《じんかん》の才子の婦を修め到れば
不辞清瘦似梅花　　清瘦たること梅花の似《ごと》きも辞せず

「外」は「外子」のこと。男性が他人に対して自分の妻を「内人」と呼ぶように、旧時の女性は他人に対して自らの夫を「外子」と称した。林佩環の夫は張問陶といい、これも清代の著名な詩人である。詩の大意は、私はあなたの詩才、その筆の下からすばらしい景色を自在に生み出していく才能を愛しているから、自ら進んで大事にしている金の釵《かんざし》を抜き、酒屋であなたの飲む酒に換えてきましょう。あなたのようなこの世に得がたい才子に嫁げたからには、たとえ梅の花のように痩せ細ってしまっても望むところです、と訳せようか。

李清照　りせいしょう［1084–1151頃］金石学者で夫の趙明誠と協力して「金石録」を作成。詞集「漱玉詞」など。

秋瑾　しゅうきん［1875–1907］清末の女性革命家。日本留学から帰国後、浙江で武装蜂起を計画したが、発覚して処刑された。

林佩環　りんはいかん　生没年不明。字《あざな》は韻徵。順天宛平（北京市）の人。

この「金釵を酒に換える」が用いているのは、唐の元稹の『悲懐を遣る』にある「他《かれ》に泥《なず》んで酒を沽《か》わしめ金釵を抜かしむ」である。元稹の詩はそもそも亡くなった妻を悼む「悼亡」の詩であり、かつて生活が苦しかったころ、妻にしつこく食い下がって、自分が飲む酒のためにかんざしを売り払わせたことを思いだし、今から悔やんでも間に合わないことを嘆く。このため、男性の「貂裘を酒に換える」が豪放さの表れとされるのとは対照的に、「金釵を酒に換える」のは女性が酒飲みの夫に耐えるどうしようもない悲哀の象徴とされてきた。ところが林佩環はその伝統を打ち破り、これは自分が望んでする事であって、夫に酒を飲んでもっと自由に詩才を羽ばたかせることを願うからだと宣言したのである。

この夫婦はまさしく息がぴったりの好一対だと言えようし、彼女は他の女性とはことなる見識を備えているといえるだろう。図48（一六三頁）は清代の画家周璕描くところの『酒を進むる図』であるが、一人の女性が手に酒壺を持ち、ゆっくりと歩く様が描かれている。あるいは夫君に酒を持っていくところなのかもしれない。

酒が大脳皮質を刺激し、詩人の情緒や思索を高度に活性化して興奮状態にすることで、インスピレーションを誘発し、強烈な創作願望を燃やすことは、文学の歴史がすでに証明してきたところである。それは当然のこととしても、しかし結局のところこれは一種の触媒のような作用を果たすにすぎず、詩人自身が生活で経験してきたことや文学の素養などの、オリジナリティを支える基本的な要素にとってかわることはできない。このことは古人が酒を借りて詩情を促す様を我々がみる時に注意しておく必要があるだろう。

二、幻想の天国――酒を把《と》りて月に問う

酒はインスピレーションを誘発するだけでなく、そのひらめきを幻想の天国へと導き、日常の現実を超えた想像の世界を作り上げることができる。中国の古典文学に見られる大きな特徴は、神話的要素の欠如であった。儒教は人事を重んじ鬼神を遠ざけたため、現実世界における幻想的な怪奇譚の類が往々にして異端の邪説として退けられただけでなく、遠い昔の神話伝説ですら多くは歴史の一部に組み込まれた。このため後世の文学創作の場において、ヨーロッパの神話が果たしたような想像力の源泉という作用を有することができなかったのである。

道教における羽化登仙*の願望や仏教における天変地異のイメージは、詩人の幻想世界における「材料不足」を多少補ってくれたものの、とどのつまりは宗教に属するものであったため、人々の日常的な精神生活には浸透しがたかった。その中でむしろ酒こそがつねに詩人の霊感を保護するものであった。朦朧たる酔いのさなかに詩人の潜在意識はさまざまな幻想のかたちをとり、想像力は両の翼を大きく開いて、玄妙なる詩の天国へと舞い上がっていくことができる。この幸せな関係の中で、もっとも人々に愛されたのが、「酒と月」が醸し出す境地であった。

古人の月に対する感情には特別なものがある。長い夜のとばりが降りると、月

羽化登仙　中国の古い信仰で、からだに羽が生え仙人となって天へのぼること。

こそはこの世を照らす唯一の光明となった。それは太陽のように灼熱の光で瞳を射ることもなく、純白で、しかもどこかあたたかく、人はそれを直視することもできるし、そこに様々な想いを馳せることもできた。古来より月は詩人の孤独な感情を発散させ、時空を超越した宇宙への意識を託す対象であり続けてきたのである。また酒は、民間に月を祭って夜に酒を飲む風習が伝わるように、やはり詩人が月に想いを述べるときに欠かせない存在であった。このような詩人の代表格は李白である。彼の名作『酒を把《と》りて月に問う』は、酔いを借りて明月に質問する。いったいいつからそこにあるのか？　どこから来たのか？　そして、どこへ行こうというのか？　と畳みかける。こうして彼は、この永遠の存在たる明月の光に照らされて、古今いったいどれほどの人の世の楽しみや哀しみがあったのか、そのことに思いを馳せていく。

蘇軾の『水調歌頭』「中秋」の始まりは、まさに李白のこの詩の影響を受けている。しかし蘇軾はさらに月の宮殿の寒々とした様子を想像し、最後には「但だ願う人の長久にして、千里嬋娟を共にせんことを」という願い、すなわち千里の彼方にいる弟の蘇轍《そてつ》*の無事を祈り、離れていても彼と中秋の明月を共に楽しみたいという思いを込める。ここには人生や身内に対する情愛の細やかさが表現され、しかも蘇軾の詩に共通する哲理と洒脱な風格をも具えている。

明月がこのように人の心と温かい情を届けることができるからこそ、詩人たちは杯を干すとき、月を自らの知己として遇した。李白の『月下独酌』其の一を見

蘇轍　そてつ［1039–1112］北宋の政治家・文学者。眉山（四川省）の人。兄・蘇軾とともに旧法党に属し、王安石らの新法党と対立した。

てみよう。

花間一壺酒　花間一壺の酒
独酌無相親＊　独酌　相親しむ無し
挙杯邀明月　杯を挙げて明月を邀《むか》え
対影成三人　影に対して三人を成す
月既不解飲　月は既に飲むを解せず
影徒随我身　影は徒《いたずら》に我が身に随う
暫伴月将影　暫く月と影とを伴いて
行楽須及春　行楽　須《すべから》く春に及ぶべし
我歌月徘徊＊　我歌えば月徘徊し
我舞影零乱　我舞えば影零乱す
醒時同交歓　醒むる時　同《とも》に交歓し
酔後各分散　酔うて後　各《おの》おの分散す
永結無情遊＊　永く無情の遊を結び
相期邈雲漢＊　相期す雲漢の邈《はる》かなるに

この詩はすぐれた独幕劇を思わせる。人と影と月が共に舞い共に楽しみ、そもそも孤独であったはずの「独酌」は見る間に精彩を放ちはじめる。いきいきとした描写、構想の奇抜さは李白の楽観的かつ豪快な気質を存分に示している。

南宋の詩人楊万里《ようばんり》＊の『重九の後二日徐克章と同に万花川谷に登り月下に觴を伝

相親　親しい人。飲み友達

徘徊　ここでは月光がきらきらとふりそそぐようにさすこと。月が天上でゆらゆら動くという説も。

無情遊　普通の人情などに拘束されないつきあい

雲漢　天の川

楊万里　ようばんり[1127-1206]　南宋の詩人。吉水(江西省)の人。陸游・范成大と並び称される。朝廷の官僚となったが、自身の清廉さゆえに遠慮のない批判をして、中央政府勤務と地方官への転出を繰り返した。

『楊文節公全集』より

図48　周璕『酒を進むる図』 清代　絹本着色　147.4×47cm　中国美術館蔵　夫のための酒だろうか。一人の女性が酒壺を持って静かに歩いている。

図49　余集「梅下賞月」 清代　紙本墨筆　65.2×31cm　上海博物館蔵　構図は簡潔だが、深い趣が感じられる。

う』は、李白のこの飄々とした気風を受け継いだ上で、さらに彼自身のいたずらっぽいユーモアを込める。

老夫渇急月更急　　老夫渇くこと急なれど月更に急なり
酒落杯中月先入　　酒　杯中に落つれば月　先に入る
領取青天並入来　　青天を領し取りて並びに入り来たり
和月和天都蘸湿　　月と天と都《すべ》て蘸《ひた》し湿す
天既愛酒自古伝　　天の既に酒を愛するは古自《よ》り伝わるも
月不解飲真浪言　　月の飲むを解せざるは真に浪言たり
挙杯将月一口呑　　杯を挙げて月を将《も》って一口に呑み
挙頭見月猶在天　　頭《こうべ》を挙げて月を見れば猶お天に在る
老夫大笑問客道　　老夫大いに笑いて客に問うて道《い》う
月是一団還両団　　月は是れ一団か還《ま》た両団かと
酒入詩腸風火発　　酒　詩腸に入れば風火発し
月入詩腸氷雪潑　　月　詩腸に入れば氷雪潑す
一杯未尽詩已成　　一杯未だ尽くさずして詩已に成る
誦詩向天天亦驚　　詩を誦して天に向かえば天も亦た驚く
焉知万古一骸骨　　焉んぞ知らん万古の一骸骨
酌酒更呑一団月　　酒を酌みて更に一団の月を呑めるを

李白は寂しい月下の独酌をいきいきと活発に描き、言葉遣いももとより独自の

『重九の後二日徐克章と同に万花川谷に登り月下に觴を伝う』


私も酒好きだが月はもっと酒好きで、酒を杯に注ぐと月は飛び込んでくる。

青天を巻きぞえに一緒に入ってきて、月も天もみなすっかり酒びたりだ。

天が酒を愛するとは昔から言う通りだが、月が酒を飲めないというのは出たらめな話だ。

杯を高く挙げて月を一口に飲み干し、天を仰げば月は相変わらず輝いている。

私は大笑いして徐君に尋ねる、いったい月は一つしかないのかそれとも二つあるのかと。

酒を腸に入れれば詩想が風火のように湧き、月を腹に収めれば氷雪のように清新な詩句が生まれる。

たったの一杯も飲み終えないうちにもう詩が一首できてしまい、その詩を天に向かって朗誦すれば、天も驚くほどの出来ばえだ。

誰が知るだろう、私のようなつまらぬ男が、酒を飲んで月まで飲み干してしまったとは。

新鮮さを持っていたが、楊万里はさらに思い切って月と青天までもろともに酒杯へねじこみ、月を一口に飲み込んでしまうと、詩作に変じ、また空へ向かって朗誦してみせるというより奇警な構想を展開する。これによく似ているのが江戸時代の漢詩人菅茶山《かんさざん》*の『月下独酌』である。

把酒邀明月　　酒を把りて明月を邀《むか》う
杯中金作波　　杯中　金　波を作る
豪来頻吸尽　　豪来　頻りに吸い尽くす
腹葬幾嫦娥　　腹に幾嫦娥を葬れるや

「嫦娥」は中国古代の伝説に出てくる女性で、仙薬を盗んで飲み月の宮殿に上ったといわれる。菅茶山のこの作は、楊万里の「月を呑む」から更にすすんで、月の宮殿の嫦娥でさえも己の腹に「葬って」しまうというから、豪快といえば豪快である。しかし詩にのぞましい抑えた美という観点から言えば、多少直接的すぎるきらいがなくもない。

「酒と月」のロマンは古典詩の中にもっとも優雅な幻想の天国を築いたと言ってよい。図49（一六三頁）は清代の画家余集の『梅下賞月』である。細くたなびく薄雲の間から、空にかかった円い月が姿をのぞかせる。地にある梅花や人物とよい対照を成して趣深く、清らかで静かな風情がほのかに伝わってくる。

菅茶山　かんさざん
［1748－1827］江戸後期の漢詩人。備後の人。京都で朱子学を学び、帰郷して黄葉夕陽村舎を開く。田園詩が名高い。頼山陽の師。著「筆のすさび」「黄葉夕陽村舎詩」など。茶山はちゃざんとも。

菅茶山肖像画

三、誇張の世界――長鯨　百川を吸う

明代の袁宏道《えんこうどう》*は『存斎張公の七十を寿ぐ序』においてこんな言葉を述べている。

　故に叫跳反擲は、稚子の韻なり。嬉笑怒罵は、酔人の韻なり。酔者は無心、稚子も亦た無心、無心なるが故に理の托する所無く、而して自然の韻の出づるなり。

「酔人」すなわち酒を飲んだものと、「稚子」つまり幼子とは同じようなもので、彼らの叫んだり跳ねたり笑ったり怒ったりするのはみな内心から発したもの、本能によるものだと彼は言う。だから世間の常識である「理」にはしばられない「自然の韻」があり、天真爛漫の美を呈す。こうした美が外在的にあらわれたものが、「狂」である。

飲中の八仙

酒はまた「狂薬」ともいわれる。酒を飲むことは愁いを解消してくれるだけでなく、文人たちの内心に眠るエネルギーを解き放つ。それは外へと向かう雄々しい激情となってほとばしり、前に触れた李白型の「狂気」となってあらわれ、「酒狂」と称される。行動面では世間の規範からくる束縛を打ち破るものとして表現され、性格面では自由奔放な気質となる。そして芸術において表現されるとき、それは様々に変形した誇張となる。その代表作が杜甫*の『飲中八仙歌』である。

　知章*騎馬似乗船　　知章の馬に騎るは船に乗るに似たり

袁宏道　えんこうどう　[1568–1610]明末の詩人・文人。公安（湖北省）の人。明代中期からの復古派文学の形式主義に対して、自由な個性を主張した。兄の宗道・弟の中道とともに三袁とよばれる。

杜甫　→ p.50

知章　賀知章　→ p.132

図50　呉有如「飲中八仙図」 清代　杜甫の詩に沿ったもの　❶賀知章　❷李琎　❸李適之　❹崔宗之　❺蘇晋　❻李白　❼張旭　❽焦遂

眼花落井水底眠
汝陽*三斗始朝天
道逢麴車*口流涎
恨不移封向酒泉*
左相*日興*費万銭
飲如長鯨吸百川
啣杯楽聖称避賢
宗之*瀟灑美少年
挙觴白眼*望青天
皎如玉樹臨風前
蘇晋*長斎*繍仏*前
酔中往往愛逃禅
李白*一斗詩百篇
長安市上酒家眠
天子呼来不上船
自称臣是酒中仙
張旭*三杯草聖伝
脱帽露頂王公前
揮毫落紙如雲煙

眼花《くら》み井に落ちて水底に眠る
汝陽は三斗にして始めて天に朝し
道に麴車に逢えば口より涎を流し
封を移して酒泉に向かわざるを恨む
左相は日に興きて万銭を費やし
飲むは長鯨の百川を吸うが如く
杯を啣《ふく》みて聖を楽しみ賢を避くと称す
宗之は瀟灑なる美少年
觴を挙げ白眼もて青天を望み
皎《しろ》きこと玉樹の風前に臨むが如し
蘇晋は長斎す繍仏の前
酔中往往にして逃禅を愛す
李白は一斗　詩百篇
長安市上　酒家に眠る
天子の呼び来たるも船に上らず
自から称す臣は是れ酒中の仙なりと
張旭は三杯　草聖伝わり
帽を脱ぎて頂を露す王公の前
揮毫　紙に落つれば雲煙の如し

汝陽　汝陽王李璡（りしん）[?-750]　玄宗皇帝の甥
麴車　麴はこうじ
酒泉　郡の名
左相　左丞相李適之（りせきし）[?-747]
日興　日々の楽しみ
宗之　崔宗之（さいそうし）名士
白眼　冷淡な目つき
蘇晋　そしん［?-734］名士
長斎　ひさしく精進潔斎すること
繍仏　五色の糸で縫い取りして作った仏像
李白　→p.131
張旭　ちょうきょく　生没年未詳。書家。呉郡（江蘇省）の人。草書にすぐれ、書風は「狂草」といわれた。

図51　万邦治「酔飲図」 明代　絹本着色　24.5×143cm　広東省博物館蔵　8人の酔態がおもしろい

図52　任熊「張旭像」『人物図冊』より　清代　絹本着色　21.5×26.5cm　広州美術館蔵　傍らで子供が両手で墨を摩る姿も可愛らしい

図53　伝・張旭「古詩四帖」部分 唐代　29.5×195.2cm　遼寧省博物館蔵　張旭の奔放さがあらわれた書である

焦遂*五斗方卓然*

高談雄辯驚四筵*

焦遂は五斗　方めて卓然

高談雄辯　四筵を驚かす

この八人はそれぞれ、賀知章・李璡・李適之・崔宗之・蘇晋・李白・張旭・焦遂。彼らは唐玄宗の開元二十年（七三二）前後、同時期に長安にあって、酒を好むことで知られた人々であった。賀知章は酔っぱらってふらふらし、井戸の底に落ちてもそのまま気持ちよく眠っている。李璡は酒を見るだけで欲しがって涎を流す。李適之は酒を一気に流し込むこと鯨が水を飲むようだ。崔宗之は優美で瀟洒な酔い姿。李白は前に述べたとおり、ほとばしる詩才と権力への反骨を見せつける。張旭は酔いにまかせてすばらしい勢いで草書を書きなぐる。焦遂は酒を飲むとますます舌鋒鋭く議論を戦わせる。

杜甫が彼らを描写するのに用いたのは、一風変わった手法であった。詩の全体に導入もなければまとめもなく、それぞれが突然始まり突然終わる。段ごとの内容につながりはなく、まるで一幅の屏風を描くがごとく、八人の酔徒の図を並べてみせているのである。どの絵も誇張された戯画的な手法が用いられ、たった数句でそれぞれ独自の酔態を描き出している。図50（一六七頁）は清代の画家呉有如描くところの『飲中八仙図』であり、杜甫の詩に沿って八人のそれぞれにいきいきした形象が与えられている。また図51（一六九頁）は明代の画家万邦治の『酔飲図』であるが、八人はひとところに集まって、草地の上であっちへ倒れこっちへ傾く酔態を示し、これもまたおもしろい。

焦遂　しょうすい　姓氏は唐書に見えず、伝不詳。

卓然　卓越しているさま

四筵　満座

八人の中の張旭《ちょうきょく》も特筆すべき存在である。彼は唐代の著名な書家であり、ことに狂草に長じたため、世の人は彼を「草聖」と呼んだ。李肇の『国史補』や李頎の『張旭に贈る』などに見える描写によれば、彼は書をかく前に必ず酒を飲み、酔いに任せて帽子をかなぐり捨てて頭を露わにし、毛筆を握って大声で叫ぶと、即興で筆を揮い始める。時には頭すらも墨の中へ突っ込み、髪の毛で墨をぶちまけ、酔いが醒めてから自分の書いた字を見ては、自分でも「神異」だと感じたらしい。よって当時の人は彼を「張顛」――「顛」は「癲狂」の意――と呼んだ。図52（一六九頁）は清代の画家任熊が描いた張旭の肖像画であるが、眉宇の間に幾分かの狂気を湛えていると見えなくもない。図53（一六九頁）は張旭が書いたと伝えられる狂草の『古詩四帖』の一部であるが、確かに龍の駆け鳳の舞う勢いに満ちている。

張旭と同時代に生きたもう一人の狂草の大家、懐素《かいそ》和尚＊は「酔僧」と呼ばれ、彼もまた酒を飲むと神がのりうつったかのような筆の冴えを見せた。懐素は「酔い来たれば意を得る両三行、醒めたる後は却って書　書き得ず」、すなわち醒めていては優れた書は書けないと自ら述べている。李白の『草書歌行』はより一層誇張的に、懐素は酔って「須臾　掃き尽くす数千張」することすら可能だと述べる。数千枚の紙の上で、「書く」ではなく「掃く」で表現したところに、その自由奔放な狂態が想像できる。図54は懐素『自叙帖』の一部である。『自叙帖』は七〇〇〇字余りの大作であるが、全体が一つの色調に貫かれ、非常に勢いのある風

懐素　かいそ［725?–785?］唐の書家・僧。永州零陵（湖南省）の人。玄奘三蔵の弟子。味のある草書を得意とした。「草書千字文」「自叙帖」など。

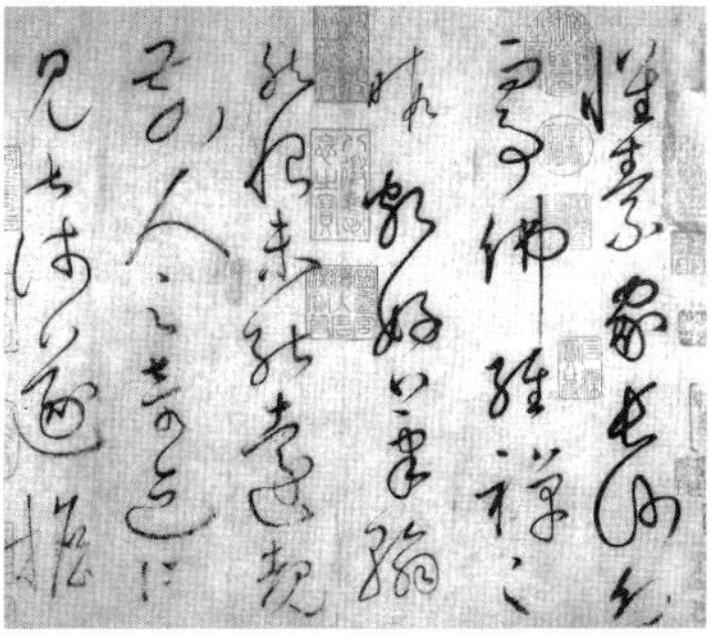

図54　懐素「自叙帖」部分　唐代　28.3×75cm　台北故宮博物院蔵

格を有している。確かに李白が「恍恍　鬼神の驚くを聞くが如く、時時　只見る龍蛇の走るを」（『草書歌行』）と賛嘆した通りである。

南宋の大詩人陸游《りくゆう》*も一人の酒豪であった。彼は酒を好むあまり同僚から「酒を嗜みて頽放たり」と非難されたことがあったので、いっそ思い切って自ら「放翁」（きままなじいさん）と号してしまった。陸游は生前からすでに「小李白」のあだ名をもち、彼の「一飲五百年、一酔三千秋」（『江楼に笛を吹き酒を飲み大酔中に作る』）などの詩句は、李白の詩の中に置いて見ても遜色ないであろう。また彼は酔っぱらって草書をなすのも好んだ。「酒は旗鼓にして筆は刀槊、勢い天より落ちて銀河傾く」（『酔中作れる所の草書巻後に題す』）と称すのを見れば、筆を握ると戦場に臨むが若く、書の勢いは大軍を蹴散らすほどであった。「忽然揮掃して自らは知らず、風雲　懐に入りて　天　力を借す」、その神秘の力はまるで天から降ってきたかのように感じられ、「呉箋蜀素も人をして快からしめず、高堂三丈の壁に付与す」（『草書歌』）、上等の紙や絹でももはや満足できずに、高堂の三丈の壁面に狂草を走らせてはじめて存分に腕をふるうことができるという。図55は陸游の草書で、雄渾な筆勢が十分読み取れよう。

酔書と酔画

「酔書」の出現は中国書道の芸術的特徴と強い関わりを持っている。書、とりわけ草書は強烈な主観的色彩をもつ表現形式であり、直感とインスピレーションを重んじる。紙に残された痕跡は煙の若く、筆を揮うやいなやたちまちにして成

陸游　りくゆう［1125-1210］南宋の文人。山陰（浙江）省）の人。金に対して抗戦論を唱える一方で、自然や田園生活をこまやかにうたった。著「剣南詩稿」「放翁詞」「渭南文集」など。

陸游塑像

図55　陸游「自書詩巻」部分　南宋　行草書　31×701cm　遼寧省博物館蔵

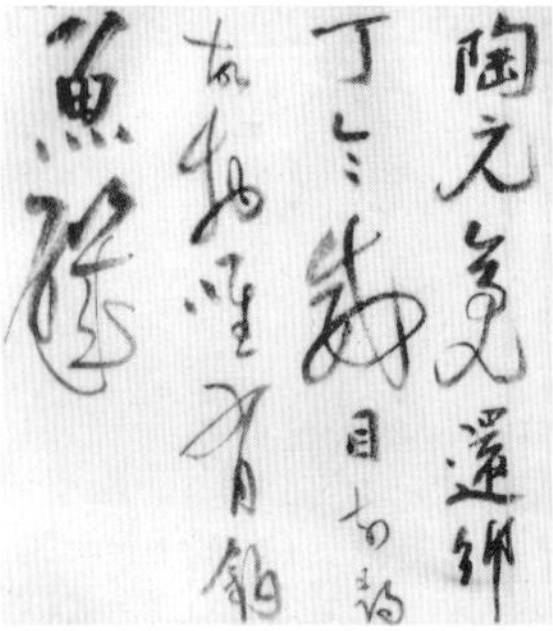

る。そこでは漢字のかたちはばらばらに組みほどかれ、極端に誇張された変形の中に、作者独自の美意識が投影される。鑑賞者の方はその曲線や構造の形式美に集中することができ、むしろ原文の具体的な意味にはさほどこだわらなくてよい。このように非常に自由な芸術的特徴が、自然と「酔書」が闊達に活躍する天地を与えることとなったのである。

これと関係するのが「酔画」である。中国絵画では「気韻生動」*が重んじられ、特に後期の水墨画では、写実よりも「写意」、すなわち画面の奥にある精神的境地が追求された。このため画面の配置にはいわゆる「白を計して黒に当つ」が用いられ、わざと大きな空白をつくって観る者に想像の空間を与え、それを水にも空にも捉えさせる余地を残した。人物や景物の描写には往々にして誇張した奇抜さがあらわれ、「形の似る」ことを追求せず、「神の似る」ことが求められた。さらに中国絵画のおもな道具であった毛筆と宣紙*は、筆を入れるやたちどころに描き上げるのに適していて、西洋の油絵のようにひとつひとつ細かく書き加えていくのには向かない。これらの芸術特性から、「酔画」は生み出された。「酔画」であるから当然酒を飲んだ後に描くもので、西洋近代の印象派の絵画にやや類似し、興のおもむくところにまかせて塗りたくったように見えるが、実はその中に一種の理念が貫かれ、「気韻」が含まれているのである。いくつかの実例を見ていこう。

明代の画家呉偉《ごい》*は酒を飲んで絵を描くのを好んだ。成化年間、明の憲宗は彼を召しだしたが、画家はちょうど酔いつぶれて大いに酩酊しているところだったの

気韻生動　中国画の理想で、生気が満ちあふれていること。

宣紙　1500年前から中国の宣州（安徽省）で作りはじめた上質の書画用紙

呉偉　ごい［1459–1508］明代の画家。江夏（湖北省）の人。

で、しかたなく宮廷へと担いで運び込ませた。そして「松泉図」を題に絵を命じたのである。呉偉は酔眼をしばたたかせながらうっかり墨の器をひっくり返してしまったが、失敗を逆に利用し、墨まみれになった紙の上へ随意に腕をふるうと、一幅の絶妙なる絵画が完成したのである。憲宗はそれを見て「真に仙筆也」と感に堪えなかった。

残念なことに呉偉のこの「松泉図」は今に伝わっていない。しかしもう一人の明代の画家徐渭《じょい》*が、「酔画」の趣をわれわれに知らしめてくれる。彼は呉偉が皇帝に可愛がられていたのとは対照的に、一生を不遇のうちにすごしたため、官界や世俗に批判的な態度を保ちつづけた。たとえ書を売り画をひさぐ落ちぶれた暮らしをしても、徐渭は権力のある官僚の求めに応じて筆を執ることはしなかった。こうした反骨精神は長い間民間で好感を以て語り継がれている。徐渭自らは「酔うて抹《す》り醒めて塗るも総て是れ春」(『蘭を画く』)と述べ、酒さえ有れば、酔ってからだろうと醒めてからだろうと、感動的な春景色が描き出せると言った。図56(カラーは一〇四頁)は彼の手になる『牡丹蕉石図』だが、真っ黒な墨をぼたぼたと散らした筆法は、作画時の狂態を想像させる。画の横の題款には自ら「酔えり」と明言しており、酔っぱらって描いたものであることがはっきりしている。

さらに明末清初の画家八大山人*をあげよう。彼の本名は朱耷《しゅとう》、前王朝の遺民であって、新王朝への不満を表すために、しばしば画中に自らの悲憤慷慨を寓意した。「八大山人」の署名はさらさらと綴られて「笑之」にも「哭之」にも読める。

徐渭 じょい [1521–1593] 明代の文人・画家。紹興(浙江省)の人。戯曲でも活躍した。

八大山人 はちだいさんじん [1626–1705] 清初の画家。南昌(江西省)の人。玄関に大きく「唖」の字を大書して、人付き合いをしなかったという。朱耷。

図58　鄭板橋「竹石図」清代　紙本墨筆　142.5×38.7cm　蘇州市博物館蔵

図57　八大山人「萱花図」清代　紙本墨筆　25×20cm　上海博物館蔵

図56　徐渭「牡丹蕉石図」明代　紙本墨筆　120.6×58.4cm　上海博物館蔵

話によると、人々は彼に画を所望するとき、まず美酒で歓待し、酒が入って興ののってきたところを見計らって、あらかじめ用意してあった紙と墨を差し出した。すると山人は勢いにのって筆を揮い、時には帽子をつかみ袖を舞わせながら、墨を含ませて描きつける。このようにして生み出された山林や花鳥や竹石は、どれも生けるがごとく見事なものであった。しかしもしも酒が無いと、たとえ黄金百両を目の前に積まれたところで、一顧だにしなかったらしい。図57は八大山人の『萱花図』である。画面はとてもシンプルな構成で、一輪の花と三枚の葉が描かれているだけだが、鑑賞者に絃外の音が伝わってくるような余韻を充分に漂わせている。はっきりと明記されてはいないものの、これが或いは山人の酔筆から生み出されたのではないかと想像したくなるできばえだ。

その他に酒で有名な画家といえば、明代の唐寅《とういん》（伯虎）や清代の鄭燮《ていしょう》*（板橋）にも「酔書」「酔画」にまつわる多くのエピソードが伝わっている。鄭板橋が知県を務めていたとき、上の者を怒らせたことがあった。彼は敢然と辞職し、故郷の揚州に帰ってしまった。書画を売りひさいで暮らす生活になったとしても、権勢に頭一つ下げることを潔しとしなかったのである。その『題竹』の詩にこう述べる。

年年画竹買清風　　年年竹を画き　清風を買う
買得清風価便鬆　　清風を買い得れば　価　便ち鬆《ゆる》む
高雅要多銭要少　　高雅は多きを要め《もと》銭は少きを要む
大都付与酒家翁　　大都《おおかた》　酒家翁に付与せん

鄭板橋　ていはんきょう［1693-1765］清代の文人。江蘇省の人。44歳で進士に受かるが61歳で官を辞して画を売って生活した。揚州八怪の一人。鄭燮。

竹を描くことは鄭板橋の十八番であった。しかしたとえ無一文を表す四字熟語「両袖清風」そのままの貧しさに陥ったとしても、「高雅」な人格の尊厳を保つためならば、竹の画を売る値が多少低かろうとかまわない。酒家の借金が返せればそれでいいのだ、と述べる。図58は鄭板橋の最も有名な『竹石図』であるが、付された題詩の末尾二句には「千磨万撃　還た堅勁たり、爾の東西南北の風に任せん」とあり、まさしく作者自身の姿がうつしだされていると言えよう。そして簡潔な曲線をもって描かれた山石、すっきりと伸びるすがすがしい竹は、もっともよく「酔画」を体現している。「意を写す」水墨画の神髄がここにある。

四、風雅の趣旨——文字の飲

さて霊感、幻想、誇張、これらはもちろん文学創作において重要な要素であるが、古代の文人が酒を飲むときに求めたものは、究極的にやはり「雅」の一文字に尽きる。唐代の詩人韓愈《かんゆ》*は『酔うて張秘書に贈る』という詩の中でこんな風に言っている。

長安衆富兒　　長安の衆富兒
盤饌羅羶葷　　盤饌　羶葷を羅《つら》ぬ
不解文字飲　　文字の飲を解さず
惟能酔紅裙　　惟だ能く紅裙に酔うのみ

長安城内の金持ちの子弟たちは、「文字の飲」、すなわち酒を飲み詩を賦すとい

韓愈　かんゆ［768–824］中唐の文人。河陽（河南省）の人。秦・漢時代の古文の復興につとめた。唐宋八大家の一人。

う高雅な興趣を理解せず、「紅裙《こうくん》に酔う」こと、つまり美食と女色という低俗な肉体的刺激しか知らない。ここで韓愈は飲酒に文明・野蛮の別、高雅・低俗の別を分ける基準として、「文字の飲」を解するか否かを据えている。

「文字の飲」を行う方法は実は多い。家で一人独酌しながら詩を賦してもいいし、酒屋で豪快に飲んで酔っぱらったあと壁に題するのもよい。杯をあけつつ空に向かって吟唱してもいいし、作った詩を酒妓に渡して琴の伴奏付きで唄ってもらうのもよい。しかし最も一般的なのは、酒宴の席で集団唱和するスタイルである。図59は清代の画家原済による『西園雅集図』で、蘇軾とその弟蘇轍、弟子の秦観、米芾*などの人々が西園で集った故事に基づいている。絵の中央の卓の前で端座し筆を執って揮毫しているのが蘇軾だが、となりの卓に並べられているのが酒壺や酒盅であることから見ると、彼らの「雅集」が本物の「文字の飲」であることがわかる。

しかし蘇軾にとってみれば、彼の天性に合致するのはやはり「自然」であった。彼が黄州（今の湖北省黄岡県）に左遷された折に作った『赤壁の賦』では、友人たちと酒を携えて揚子江に遊び、「江上の清風」と「山間の明月」に向かって闊達自適の人生哲学を発露するというシーンがある。賦の最後では、友人たちは存分に酔い、「相与《あいとも》に舟中に枕藉して、東方の既に白むを知らず」となる。馥郁たる酒の香が全編を貫いている。図60は宋金時期の画家武元直の『赤壁図』だが、高く聳える山石の下、蘇軾等は舟を浮かべて波間に漂い、山林の野趣が画面いっ

米芾 べいふつ［1051–1107］
北宋の画家・書家・文人。水墨を使う独得の山水画法を創った。

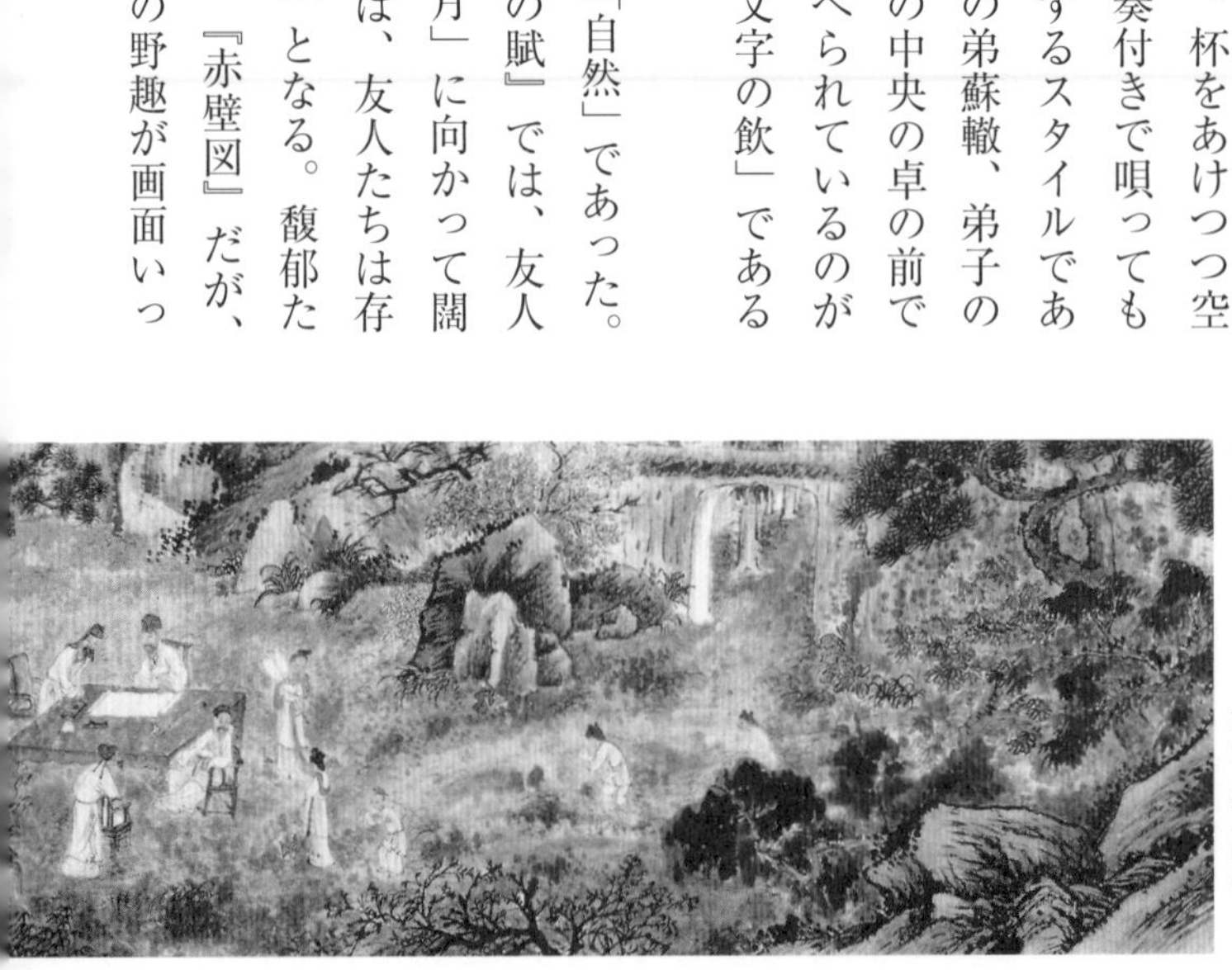

図59　原済「西園雅集図」　清代
36.5×328cm　上海博物館蔵

図60　武元直「赤壁図」 金代　紙本墨筆　50.8×136.4cm　台北故宮博物院蔵

図61　喬仲常「赤壁図」部分　北宋　紙本墨筆　ネルソン・アトキンス美術館蔵

ぱいに躍っている。
図61は蘇軾とほぼ同時代の喬仲常が蘇軾の『後赤壁の賦』に沿って描いた画巻の一部である。蘇軾のところに客がやって来た。客が言うには、魚はもう釣れたのだがいかんせん酒が無い。この時蘇軾の妻が言った。「我に斗酒有り、之を蔵すこと久し。以て子の不時の須《もとめ》を待てり」と。平時にもしも好きなように飲ませてしまっていたら、大事なときに客をもてなすことができなくなるところであった。絵の中の蘇軾の妻は、夫のために丁寧に準備を整えているが、賢く優しい婦人の親しみやすい様子が伝わってくる。蘇軾はもちろん大喜びで、すぐさま酒と魚を携えると、友人とともに再び赤壁へと出かけていったのであった。

王羲之の曲水の宴

こうした「文字の飲」と自然との結び付きには古い由来がある。先鞭を付けたのは東晋の時、「書聖」王羲之《おうぎし》*をはじめとする文人集団であった。東晋の永和九年（三五三）三月三日、王羲之と友人の孫綽や謝安など四十二名の名士が、山陰（今の浙江省紹興市）の蘭亭で修禊《しゅうけい》（古代の民俗習慣で、旧暦三月上旬の巳の日*に、水辺で沐浴し、宴を開き、不祥を払って禊ぎをするというもの）をとりおこなった。この時同時に行われた一種の遊戯が流觴曲水、つまり曲水の宴である。湾曲した小川に酒杯を流し、誰かの前で止まったところで、その人が盃を取って酒を飲み、即興で詩をよむ。王羲之の『蘭亭集序』にはその様子を次のように記録する。

王羲之　おうぎし［307?–365?］東晋の書家。臨沂（山東省）の人。典雅で力強い書風。行書「蘭亭序」、草書「十七帖」などが有名。書聖と称される。

＊三国時代の魏以後は三月三日に定まった

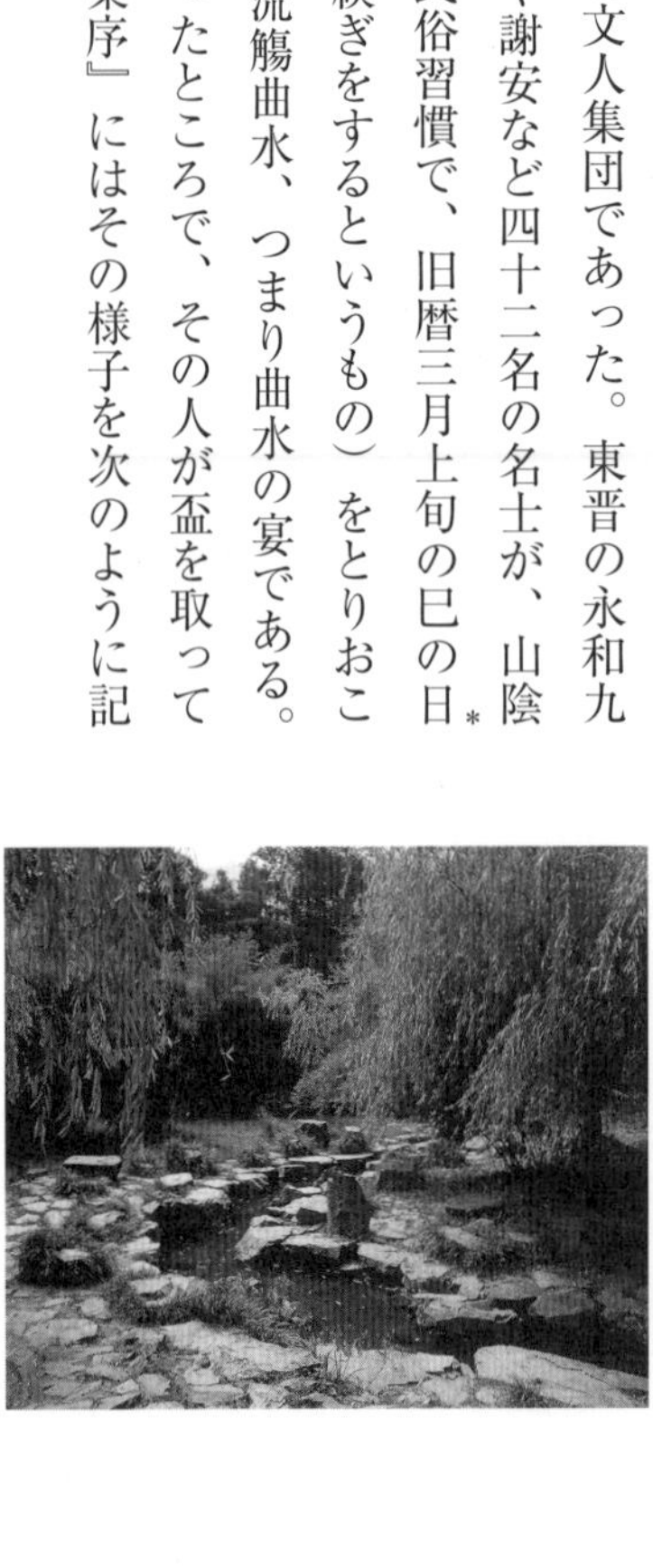

図62　曲水流觴の渓流［紹興］

図64　李公麟『蘭亭修禊図』(宋代) の模刻　明代　全323×623cm

図65　流杯渠　北京故宮寧寿宮花園の禊賞亭内

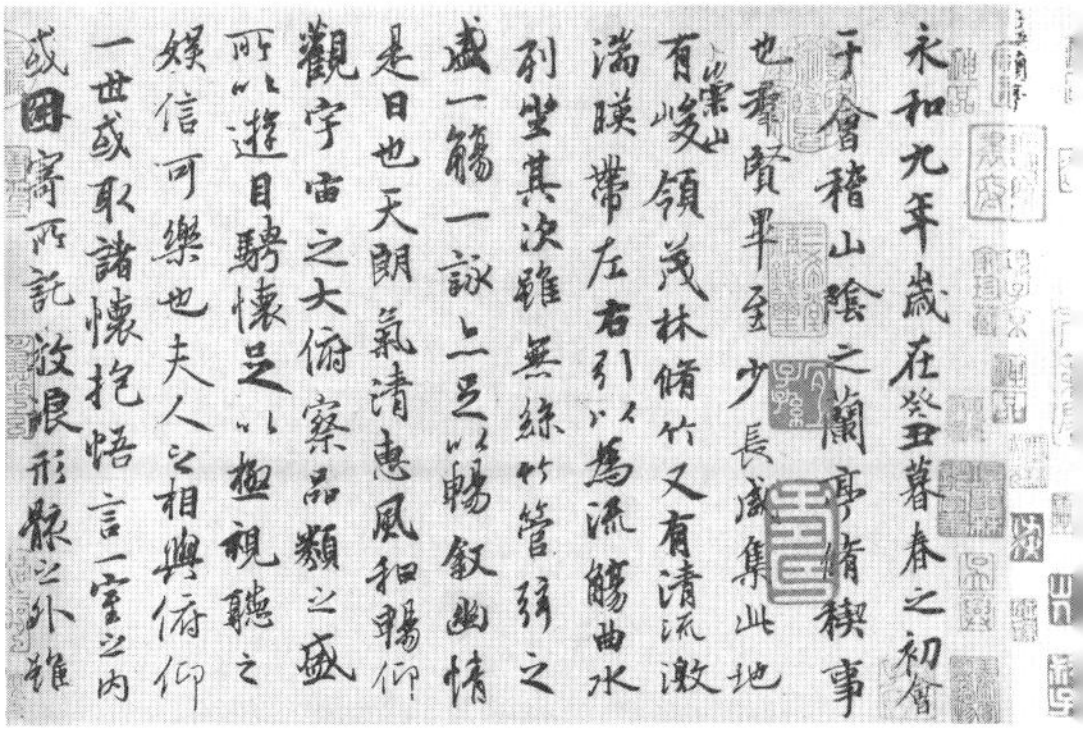

図63　王羲之「蘭亭序」(神龍本) 部分　唐代の模写
24.5×69.9cm　北京故宮博物院蔵

此の地は崇山峻嶺、茂林修竹有りて、又た清流激湍有り、左右に映帯す。引きて以て流觴の曲水と爲し、其の次に列坐す。絲竹管弦の盛んなる無しと雖も、一觴一詠、亦た以て幽情を暢叙するに足る。

図62（カラーは一〇〇頁）は彼らが当時觴を流した小川だとされている。また図63は王羲之の最も有名な書『蘭亭集序』のうち、上に引いた一段の部分である。しかし残念なことにこれは唐代の人の模写である。オリジナルはすでに唐の太宗李世民の墓へ陪葬され、昭陵のなかへ埋められてしまったとされている。図64は宋代の画家李公麟《りこうりん》の絵とされる『蘭亭修禊図』で、これは明代永楽十五年（一四一八）の模刻であり、四幅からなる。第一幅は王羲之が一人水辺の榭《うてな》にすわり、筆を握って沈思しているところを描く。水面には白鳥が戯れている。第二幅は孫綽がすでに二首を書き上げ、他の人は酔いが回りつつも詩を作れずにいる場面である。第三幅では各人が酒を飲んだり詩を作ったり、真ん中では童子が竹竿で流觴を拾い上げている。第四幅では童子たちが水中の流觴を指さしたり、酒肴を運んだりしている。

これ以後、「流觴曲水」は酒を飲む際の優雅な遊びとなり、人々はこのためにわざわざ石を積んで小さな溝をこしらえたりもした。北宋時期の建築書『営造法式』では、「國」や「風」などの文字の形に石を組んだ図案が記載され、サイズまで事細かに指定されていることから、これらがすでによく用いられる設計であったことがうかがえる。図65は北京の故宮にある禊賞亭の「流杯渠」である。こ

図66　流杯渠　曲水流觴の文字からなる［河南省汝陽県杜康泉］

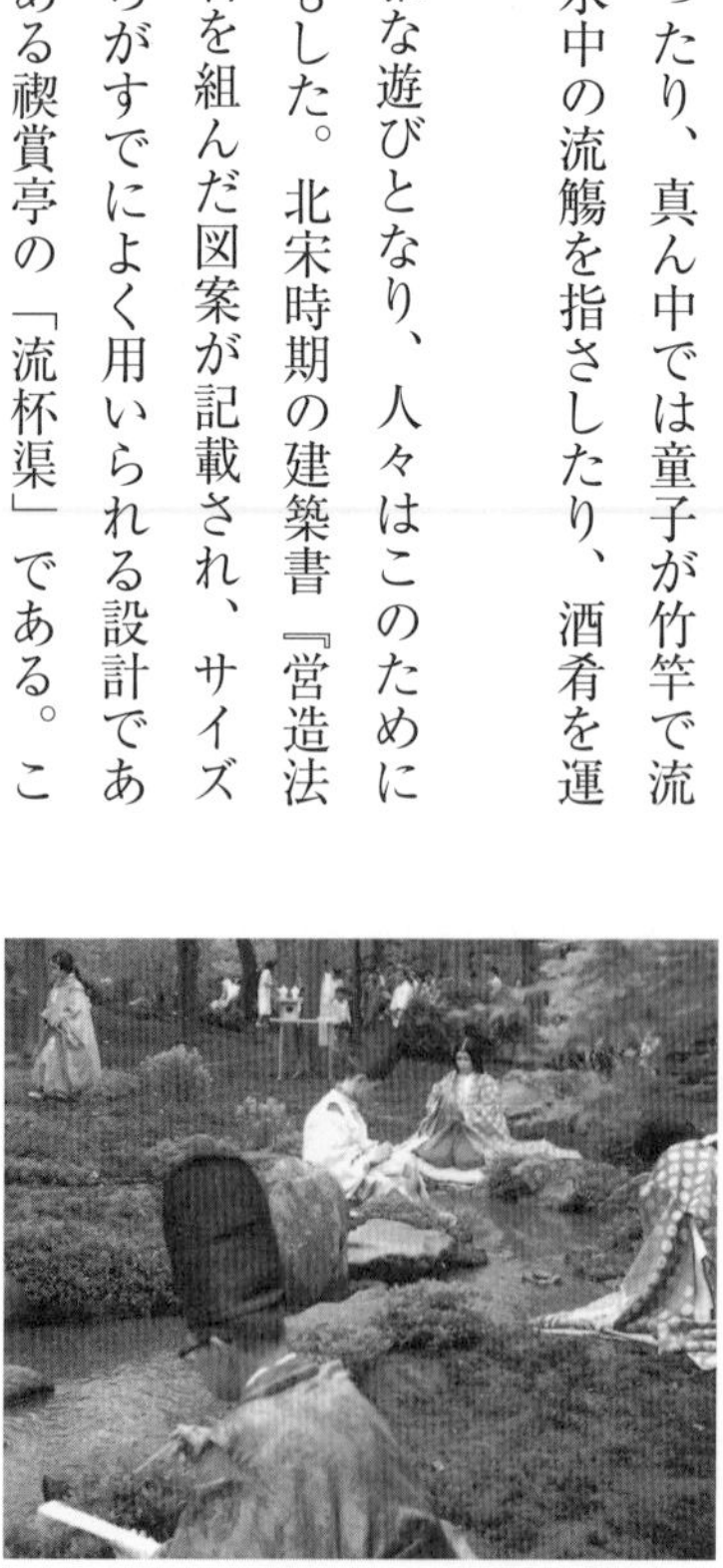

曲水の宴　毎年春と秋に行われる［京都城南宮］

れは乾隆帝が将来帝位を退いた後に遊ぶ場所として建てた寧寿宮の花園の中にあるが、バランスの整ったデザインには宮廷ならではの風格が備わっている。図66は河南省汝陽県杜康泉の下の流杯渠である。「曲水流觴」の四文字を連ねた形に石が組まれ、のびのびとした印象を与える。また、この習俗は朝鮮半島や日本にも伝わった。韓国の慶州にある鮑石庭には流杯渠の遺跡が今も残っている。日本の奈良・平安時代には、晋人の古例に倣うことが宮中で広く行われ、三月三日には「曲水の宴」が催された。京都の城南宮では、現在でも毎春このイベントが行われる。

花を愛でながら酒を飲むこともまた、文人たちが最も愛した楽しみであった。唐代の長安では、春になると花見をすることが一つの風潮として広まり、文人の許慎選は親戚や友人と花畑で宴を開いたとき、わざと席を設けずに、童子たちに命じて花びらをあつめさせ、「吾自ら花の裀《しとね》有り」と言った（『開元天宝遺事』）。東都洛陽では梨の花が満開になる度に、人々が酒を持って花の下に集まり、酒で梨の花の化粧を落としてあげるのだと称した。場所取りのために梨の木を丸ごと高額で買い取った者まで現れたほどである。図67（カラーは一〇三頁）は唐代の張萱『虢国《かくこく》夫人游春図』を宋の徽宗が模写したとされるものだが、このきらびやかな一行が目指すのは花の咲き乱れる郊外であったのだろう。

宋代の文人もこれを好んだ。范蜀公は百花の咲き乱れる春に客を招いて宴を開き、「舞う花びらが杯に入った者は、花と一緒に酒を飲み干そう」と取り決めた。

図67　張萱『虢国夫人游春図』唐代　宋の模写　絹本着色　52cm×148cm　遼寧省博物館蔵

するとおりしも一陣の風が吹き、皆の杯は花びらでいっぱいになった。そこでめいめいが杯を挙げて一斉に干し、このときの宴を「飛英会」と美称した。そして酒席に広く伝わるエピソードとなり、清代の文人はこれに基づいて「飛英会令」という酒令まで編み出した。すなわち、数輪の梅の花をもみ砕いて手のひらに収め、ふっと吹いてそれが体か杯に降りかかった人が杯を干すというものである。

緑の山に青い水、咲き誇る花に萌えいずる草、こうした景物が文人たちの注目を集めたのは、実はこれらが世俗の汚濁と無縁な純潔の空間だったことにある。だからこうした嗜好は、酒によって「真」を求める気持ちと、本質において共通するところがあったのである。北宋の詩人蘇舜欽《そしゅんきん》*は『独歩して滄浪亭に游ぶ』の詩にこう詠んだ。

花枝低敧草色斉
不可騎入歩是宜
時時攜酒只独往
酔倒唯有春風知

花枝低く敧《かたむ》き　草色斉《ひと》し
騎《の》り入るべからず　歩は是れ宜し
時時　酒を攜《たずさ》えて只だ独り往く
酔い倒るとも唯《た》だ春風の知る有るのみ

「滄浪亭」は蘇舜欽が隠居した折に建てたもので、現在でも蘇州で指折りの園林として名高いところである。詩人は言う、ここの花や草はこんなにも美しく、騎馬で踏み散らすなどは自然に悖る。一人で酒を携え徒歩で歩み入れば、春風の中に酔いつぶれて、自然と一体になれるのだ、と。蘇舜欽は豪放な酒好きであった。彼が『漢書』を酒の肴にしたという話は、文人の飲酒譚の中でも最も文人ら

蘇舜欽　そしゅんきん［一〇〇八―一〇四八］北宋の詩人。銅山（四川省）の人。中傷により失脚、蘇州に滄浪亭を作って隠棲。欧陽修、梅尭臣とともに欧蘇・蘇梅と並称された。

滄浪亭［蘇州］

図68　黄鼎「酔儒図」　清代　絹本着色　115.5×57cm　広東省博物館蔵

しさが表に出たものとして、人々に語り継がれている。彼がここで酒の肴にしているのは「花枝草色」であった。自然に帰り、物我の別を忘れる「真」の趣が、詩全体に溢れている。

図68は清代の画家黄鼎の『酔儒図』だが、一人の儒者が胸をはだけ肌脱ぎになって、木陰の草地で酔い伏しているさまが描かれている。そばには酒がめが二つと一箱の古書。書物の薫りと酒の匂い、そして素朴な山野の気、これらが絵の中からたちのぼってくるようだ。

五、永遠の主題――更に尽くせ 一杯の酒

ここまで述べてきた内容から、酒にはいかに多くの精神的要素がこめられているかがわかることと思う。このため詩作や様々な芸術において、酒は汲めども尽きぬ無限の題材となり、文人たちが思いを述べる際に欠くことのできない永遠の主題となった。中国の古典文学は類型化という傾向を有するため、千百年という時を経る間に、酒文化という画廊に並べられたイメージは、次第に一つの固定した系譜を出現させていった。文人たちは筆を執り酒を詠むという行為を行うとき、自覚があるにせよないにせよ、自然とこの系譜の中に自らの「代弁者」を探し、このようにして類似した言語やイメージが次々と累積を重ねてゆく。そして最終的に民族文化の心理的アイデンティティとして恒常化する。これはとりもなおさず、前述した「酒の哲学」の文学芸術における具現でもある。具体的な例につい

てはすでに詳述したので、ここではいくらかのまとめと補足を行うにとどめよう。

生の意識

酒はまずなによりも一種の生の意識を体現している。中国では古来人生を憂う詠嘆の伝統があり、山に登り川に臨んで永遠なる自然に相対したとき、人生のはかなさを痛感する。そしてこの強烈な対比によって、今の人生がどれほど貴いものであるかを実感するのである。そして酒は、この現実のいのちを真に実感させるものであった。著名な例を引いてみよう。

後漢時期に文字としてまとまったとされる作者不明の『古詩十九首』には、人生の短さやはかなさへの嘆きが満ちている。十九首のうちの一首『車を駆り東門に上る』は、「人生忽ち寄するが如く、寿に金石の固きは無し」と嘆いた後で、こんな結論を出している。

不如飲美酒　　美酒を飲みて
被服紈与素　　紈と素とを被服するに如かず

うまい酒を飲み良い服を着て、今のこの時を楽しむ、これこそ人生当面の急務である、と。図69は後漢の画像石で、士大夫らしき人たちがお酒を飲みながら、琴を弾くものもいれば、踊るものもいる。

晋代の張翰《ちょうかん》*はもともと洛陽で官職についていたが、ある日秋風に吹かれたとき、故郷の太湖一帯で食べるジュンサイのスープと鱸のなますを思い出した。するとふるさとを思う気持ちがふつふつと湧き起こり、ためらうことなく官の椅子

図69　宴楽画像磚　後漢　43.5×48cm　成都昭覚寺出土　四川省博物館蔵

張翰　ちょうかん　西晋の詩人。松江（上海）の人。請われて洛陽で高官をつとめたが、故郷に戻って生涯を終えた。

を蹴って帰ってしまった。彼はこんな風にも言っていたことがある。

　我をして身後の名有らしむるよりは、時に即して一杯の酒あるに如かず。

「身後の名」とは功を立て歴史に美名を残すこと。そして「一杯の酒」は、この瞬間に手にすることのできる確かな人生の楽しみを表している。

また唐代の詩人王翰《おうかん》*の名作『涼州詞《りょうしゅうし》』を見てみよう。（カラー一〇七頁）

　葡萄美酒夜光杯*　葡萄の美酒　夜光の杯
　欲飲琵琶馬上催　飲まんと欲すれば　琵琶　馬上に催す
　酔臥沙場*君莫笑　酔うて沙場に臥すとも君笑うこと莫《な》かれ
　古来征戦幾人回　古来　征戦　幾人か回《かえ》る

涼州は今の甘粛省武威県一帯であり、当時は辺境の要塞として頻繁に戦《いくさ》が行われたところである。私が酔っ払って戦場で寝込んでも笑ってくれるなよ、昔から今に至るまで、出征した兵士はいったい何人が無事に生還できたというのだ？　この杯の酒に込められたのは、生への渇望であった。

もし王翰の詩が「死別」を暗示しているとしたら、もう一人の唐代詩人王維《おうい》*の名作『元二の安西に使いするを送る』（後世ではまた『陽関三畳』『渭城曲』とも呼ばれた）では、酒が「生別」の情をしみじみと詠っている。

　渭城*朝雨浥軽塵　渭城の朝雨　軽塵を浥《うるお》し
　客舎青青柳色新　客舎青青として　柳色新たなり
　勧君更尽一杯酒　君に勧む　更に尽くせ　一杯の酒

王翰　おうかん［687?–726?］盛唐の詩人。晋陽（山西省）の人。地方官を転々とした。

夜光杯　西方から渡来したガラスの杯。玉《ぎょく》の杯という説も。

沙場　唐詩では砂漠を、戦場を兼ねて意味する場合が多い。

王維　おうい［701?–761］唐の詩人・画家。太原（山西省）の人。安禄山の乱後、粛宗に起用され、尚書右丞になったので王右丞とも呼ばれる。晩年は仏教に帰依し自然をうたった。南宗画の祖といわれる。

渭城　咸陽のこと。旅に出る者をここまで見送り、駅舎で一夜の別宴を張った。

西出陽関無故人　　　西のかた陽関を出づれば故人無からん

陽関は今の甘粛省敦煌県の西南にあり、古代にあって中原地区と西域を結ぶ交通の要所であった。陽関を出てしまえば異郷となり、古い友達とは離れればなれになる。詩人の手の中にある杯には、友に対する真摯な友情と、人生に対する深い愛情が、なみなみとつがれている。

酒に込められたこうした現世への強い執着は、晩唐の詩人羅隠《らいん》*の『自遣』において、最も端的な表れかたをしていると言ってよいだろう。

得即高歌失即休　　得れば即ち高歌《こうか》し　失えば即ち休む
多愁多恨亦悠悠　　多愁多恨も亦《ま》た悠悠
今朝有酒今朝酔　　今朝酒有れば　今朝酔い
明日愁来明日愁　　明日愁い来たれば　明日愁わん

詩の中で描かれているのは典型と言えば典型の、酒によって憂いを晴らすというスタイルであるが、末尾二句の「今朝」と「明日」の対比は目下の楽しみがいかに得難く大事であるかを浮き立たせる。加えてきっちりとした対句が口にのぼせやすいリズムの良さをつくっているため、古典の飲酒詩のなかでも最も広く人口に膾炙し、ことわざのように親しまれている。

また具体的にこの「生の意識」を体現している人物形象として、漁父を挙げねばなるまい。

漁父とは漁をする老夫である。第四章第二節で『荘子』「漁父」を引いたが、

羅隠　らいん［833-909］晩唐の詩人。余杭（浙江省）の人。何度も科挙に落第したため名を「横」から「隠」にあらためた。晩年は呉越王銭鏐に仕えた。

『自遣』（おもいを晴らすために）
得意のときは大声で歌い失意のときはやめて、憂愁も悔恨もいくらあろうと知らぬ顔
今朝酒があれば今朝のうちに酔おう
明日愁いが起これば、明日愁えたらいいのさ
『中国古典文学大系18』（平凡社）より

ここでは「真」と「偽」の対立が述べられ、飲酒の楽しみを主張する漁父は自然の「真」を代表している。注釈者によっては、この漁父は越王勾践を助けて呉王夫差を倒し、雪辱を果たして国を復興したのち、引退してさすらいの身となった范蠡であるとし、のちにこの漁父は隠者の化身とみなされるようになる。

『楚辞』*「漁父」には屈原*と漁父の対話が載せられている。周囲の者がみな愚昧で自分だけが現実に対して冷静な醒めた目を持っている、「衆人皆酔い　我独り醒めたり」と主張する屈原に対し、漁父はその頑な固執を笑う。「衆人皆酔わば、何ぞ其の糟を餔《く》い其の釃《り》を啜らざる」というその言葉は、皆が酔っぱらっているのならば、おまえも一緒に酔いの中に沈み、波に従い流れを追うべきだと示唆している。かくして漁父は全ての酒徒の先達となった。図70は明代の画家蕭雲従の『三閭大夫卜居漁父』であるが、屈原と漁父の表情はそれぞれ異なっていて、彼らの異なる人生哲学を表している。またもう一人の人物は鄭尹で、冷たい目で傍観している。隠居して酒を飲むのは世を避け身を全うするためで、漁父の形象もこのために特殊な意義を含んでいる。文人にとって漁父はすでに単なる労働者ではなく、仙人道士の風骨をそなえた隠者、道家が目指す濁世を超越した「真人」なのである。

　五代の南唐の李煜《りいく》*は皇帝の身でありながら、漁父が体現する自由闊達な生活に憧れを抱き、『漁父』詞二首にそれを表現した。

『楚辞』　戦国時代末、屈原とその作風をつぐ弟子や後人の作を集めたもの。16巻。前漢の劉向編とされ、のち後漢の王逸が自作を加えて17巻とする。

屈原　→ p.64

李煜　りいく［937–978］五代十国、南唐の第三代君主。後主と称される。宋に滅ぼされ、毒殺された。詞に長じ華やかな宮廷生活と亡国の悲しみをうたった。

図71　陸治『幽居楽事図冊』「漁父」 明代　絹本着色　29.2×51.7cm　北京故宮博物院蔵

図70　簫雲従「三閭大夫卜居漁父」『離騒図』の挿絵　明代　屈原、漁夫、鄭尹、それぞれの表情の違いが興味深い

一壺酒　一竿綸　快活如儂有幾人
一壺の酒　一竿の綸　快活なること儂《わし》の如きは幾人か有る（其の一）

花満渚　酒満甌　万頃*波中得自由
花渚に満ち　酒甌《ほとぎ》に満つ　万頃《ばんけい》の波中　自由を得たり（其の二）

図71は明代の画家陸治の連作画『幽居楽事図冊』其の六『漁父』である。画家が漁父を「幽居」のカテゴリに入れていることから、漁父の特殊な身分がうかがい知れる。

美の意識

酒はまたある種の美意識を体現することもある。大雑把に言えばそれは「酔美」と呼ぶことができようか。「魏晋の風度」あるいは「魏晋の風流」という言葉は、魏晋時期の貴族たちに特有の精神を表すが、これが「酔美」の嚆矢である。当時の貴族の名士たちは多くが老荘思想を背景とした「玄学」に心酔し、深奥な哲理によって人生を超越することを求めていたが、その際の現実的な手段の一つが飲酒であった。王孝伯という人物によれば、「酒を痛飲すること」が名士たる重要な条件の一つであったらしい。第三章では「竹林の七賢」について述べたが、彼らがその代表的存在である。同時に名士たちは外見的要素を重んじ、風采の良さが人物の品をはかる重要な基準となった。

万頃　果てしない広さ。一頃は約六町歩。

紅衣舞女壁画　唐代　高116cm　陝西省長安県郭杜鎮執失奉節墓出土　赤いスカーフを手に、音楽に合わせて華やかに舞う。唐代、宮廷や貴族の家だけでなく、民間でも様々な舞踏が見られた

図72　梅蘭芳の演目「貴妃酔酒」 玄宗が花見の約束を忘れて梅妃のもとに行ったことを知らされ、楊貴妃は自棄酒をして舞う　梅蘭芳記念館より

嵆康*が「其の酔えるや、傀俄として玉山の将に崩れんとするが若し」（『世説新語』「容止」）と言われ、酒に酔ったさまが玉山の崩れそうに危うく美しいと称えられたその姿こそ、「酔美」を外見において体現した模範的な例である。そして阮籍が「極めて酒を好み、然るに酔いて人を傷つけず」「至性人に過ぎ、物において傷つくること無し」（嵆康『山巨源に与えて交わりを絶つ書』）とされ、外に向けた攻撃性を発揮したり、鬱憤を噴出させたりすることなく、酒の趣を内に向け、内面世界での悟りを求めた姿こそ、「酔美」の内在的な帰結点であった。この両者の結合によって、飲酒は単なる物質的な快楽から、美意識の境地へと昇華する。

これにつづく後世の文人たちの継承と絶え間ざる発展によって、「酔美」は中国古典美学における永遠のモデルとなった。その主な特徴は、人物の内在的な風格を高め、人と自然の完全なる合一を追求し、主観と客観の両世界の調和をはかるところにある。これに関してはすでに今までの論述および挙げてきた美術作品の中から、その魅力を十分に感じ取ることができるだろう。ここでは更にいくつかの具体的な例から芸術における表現を見てみることとする。

たとえば美人の「酔美」というものがある。酒に酔って頬が赤らむことで、佳人の風情がいや増すというわけである。『楚辞』には「美人既に酔えば、朱顔酡たり」とあり、「酡」はほおが紅潮する様子を指す。『太真外伝』*には唐の玄宗が沈香亭で楊貴妃を召しだした時、彼女が酒に酔って化粧はくずれ髪もほつれ、な

嵆康 → p.94

『太真外伝』 宋の楽史作。玄宗と楊貴妃のことを書いたもの。唐代の記録をつなぎ合わせて作ったと見られる部分が多い。楊太真外伝。

よやかにぐったりしているのを見て、あまりのいとおしさに「これが妃の酔ったさまであるものか？　海棠の花が眠りからいまだ醒めきらぬところではないか！」と感嘆した、と記す。これ以後、美人の酔った姿を花の艶やかさに譬える表現は枚挙に暇がない。京劇の俳優で女形として名高かった梅蘭芳《ばいらんほう》*は、『貴妃酔酒』という演目のなかで、この希代の佳人の「酔美」を見事に演じ、その美しさは凄絶ですらある（一九三頁、図72）。

また舞踊の中には「酔舞」というものが存在する。これは中心をはずし傾いたバランスの美しさを認めたものである。唐代の詩人李端《りたん》*は『胡騰兒』の詩で「胡姫」、すなわち西域少数民族の少女の舞姿を描いた。

揚眉動目踏花氈　　揚眉動目　花氈を踏み
紅汗交流珠帽偏　　紅汗交流　珠帽　偏《かたよ》る
酔却東傾又西倒　　酔うて却って東傾又た西倒
双靴柔弱満灯前　　双靴柔弱　灯前に満つ

「胡姫」の容貌の美しさ、舞姿のきらびやかさは、みな「酔」を経ることでよりいきいきと立ち現れてくるのである。

武術の中には「酔剣」や「酔拳」というものもある。酔漢の動作を模倣し、立ち上がったり寝転がったり、倒れるようで倒れもせず、相手を惑乱させた隙に突如攻撃にうつり、柔を以て剛を制するのである。また中華料理には「酔蝦」「酔蟹」「酔貝」などの料理が存在する。生きたままの魚介類を直接酒に漬け、それ

梅蘭芳　ばいらんほう［1894－1961］京劇俳優。北京の生まれ。女形として世界的名声を博し、京劇の改革にも努めた。中国京劇院院長などを歴任。メイ・ランファン。

李端　りたん［732?－792］唐の詩人。趙州の人。多病のため官を辞し、再び就くも俗務を好まず、湖南省衡山に隠棲した。

ウイグル族の踊り

が酔っぱらったところを見はからって食するのである。新鮮な魚介の風味と酒の香が入り混じった独特の味わいはこたえられない。他にも、沐浴の時に酒で保湿効果を加えたり、薬を服用するときに酒によって薬の効果を高めたりするなど、酒の効能を用いた例は数多ある。中国の文化は「酔」をとことんまできわめつくしていると言うことができるだろう。

振り返ってみると、酒は文学・芸術の創作において、まるで魔法の杖のようにすばらしい触媒作用を果たしてきたと言える。もちろんここまでに挙げてきた史実において、酒の作用が少しばかり誇張されている部分も否めない。しかしこれこそ古代の文人たちの賢いところなのである。酒は彼らが常ならぬ想像力を働かせる際の言い訳の一つ、または策略の一つだとも言えるのだ。「酔」というベールの下では、普段は神聖にして犯すべからざる戒律はその厳しさをひそめ、かわりに独自の個性を存分に表現した芸術が堂々と創造されていくことも可能になる。本書は陶淵明の詩句「君　当《まさ》に酔人を恕《ゆる》すべし」をもってタイトルとしたが、実は第三章で述べた政治上の保身だけでなく、文化や芸術などより広い範囲において、「酔人」は寛容をもって受け入れられ、温かい目をもって愛される存在だったのである。

おわりに

さて、やや急ぎ足の感はあったが、中国の酒文化をめぐる旅はそろそろ終わりに近づいた。旅の終わりにあたって、中国の影響を深く受けた日本についても少し目を向けてみようと思う。

日本に関するもっとも古い文献記録としての『魏志倭人伝』*にはすでに「人性《うまれつき》酒を嗜む」という記載が見られ、日本においても酒の文化は長い歴史をもっている。しかし仏教文化の影響を受けたこと、また「幽玄」や「わび」といった趣を尊ぶなどの要素により、酒文化は中国ほどの極みには達していない。とりわけ中国で見られた「詩」と「酒」の強い結びつきは、日本では必ずしも形成されなかった。『万葉集』*にみえる大伴旅人の『賛酒歌』十三首は、恋愛と自然を中心とする和歌の世界において、ほとんど唯一の例と化している。

もちろん俳句の通俗性を生かして、俳聖松尾芭蕉*は酒を詠んだ佳作をいくつも残しているが、俳句の字数が短すぎるということもあるため、規模から言っても迫力から言っても、中国の「詩酒」の王国と拮抗するには無理がある。日本漢詩は中国の詩の気質をそのまま受け継いだために、一休禅師*や秋山玉山*、大田南畝*、亀田鵬斎*など、酒を詠んで名を馳せた漢詩人を多く輩出した。しかし本書で論じてきた中国の文人の「飲酒哲学」がどれほど高度に発達していたかを考えれば、彼ら日本漢詩人の詩作もやはり力不足の感があり、人々の心を震わせるエネルギーに欠けている。

とはいえ、中国の酒文化は結局のところ、日本の文学作品の中に様々な形で根を下ろしている。紙幅の都合上ひとつひとつ詳述できないのが残念だが、ごく有名な例だけでも取り上げてその一端をうかがってみよう。

大伴旅人が晩年太宰府で詠んだ『賛酒歌《さけをほむるうた》』十三首は、『万葉集』の中においてだけでなく、日本の和歌史全体で見ても非常に特異な存在である。これ以前もまたこれ以後も、これほど集中して酒を詠んだ作品というのは存在しなかった。旅人の発想方法を見てみると、これは間違いなく中国の酒文化と密接なつながりを持っている。たとえば第三首、

古《いにしえ》の七《なな》の賢《さか》しき人どもも欲《ほ》りせしものは酒にしあるらし

で用いているのは「竹林の七賢」の典故である。また第六首の、

なかなかに人とあらずは酒壺に成りにてしかも酒に染《し》みなむ

が基づいているのは、『三国志』*「呉書」にある鄭泉の故事だ。鄭泉は臨終にあたって、自らを陶家（やきものや）のそばに葬ってくれと頼んだ。そうすれば百年ののちに泥土と化し、酒壺に焼いてもらえるかもしれないからである。

芭蕉の俳句で、

盃に三つの名をのむこよひ哉

は明らかに本書でも触れた李白の『月下独酌』をふまえている。しかしもっとよく知られているのは、おそらく『奥の細道』の序文冒頭部分、「月日は百代の過客にして、行《ゆき》かふ年も又旅人也」であろう。これは李白の『春夜　従弟の桃李園に宴するの序』にある「夫れ天地は万物の逆旅なり。光陰は百代の過客なり」を生かして、魅力ある日本語の名文を

謝彬「漁家図」 清代　紙本着色
168.1×73cm　上海博物館蔵
一休みして酒を飲む漁夫、笛を吹く者、子供に乳を与える母親など、漁民の生活を描く。

作ったのである。
近代になると、もっとも人口に膾炙しているのは「サヨナラダケガ人生ダ」の一句に尽きるだろう。作家の太宰治*が酔うといつも口ずさんでおり、彼の絶筆となった小説『グッド・バイ』で世の中に広く知られるようになった。この詩句は太宰の小説の師であった井伏鱒二*の詩集『厄除け詩集』に収められており、もとは晩唐の詩人于武陵の『酒を勧む』という詩であった。

勧酒

勧君金屈巵　　君に勧む　金屈巵
満酌不須辞　　満酌　辞するを須《もち》いず
花発多風雨　　花発けば風雨多く
人生足別離　　人生　別離足る

コノサカヅキヲ受ケテクレ
ドウゾナミナミツガシテオクレ
ハナニアラシノタトヘモアルゾ
「サヨナラ」ダケガ人生ダ

于武陵（八一〇―？）は、清代の康熙年間に編まれた『全唐詩』*に五一首がとられ、近年出版された『全唐詩補編』でさらに二首が補足されているものの、歴代の唐詩の選集がほとんど一顧だにしてこなかった詩人である。もっとも広く読まれた『唐詩三百首』*の中にも彼の居場所は全く無い。彼が中国では基本的にほとんどその名を挙げられることの無かった人物であったことがわかるだろう。しかしこの詩は日本において大変有名で、それは明代の李攀龍による『唐詩選』*にとられたのがきっかけであった。この選集は江戸時代に非常に流行し、ほとんど文化人の必読書と化していた。またこの詩は五言絶句の詩型をとっているが、これは漢詩の詩型の中でもっとも短い一種であり、例えば本書で触れた李白の長編の大作『将に酒を進めんとす』に比べればずっと覚えやすい。これも歓迎された理由の一つであったと思われる。

そして『厄除け詩集』に見える創造性に富んだ翻訳が、中国の膨大な文献の中に埋もれたこの平凡な詩作を、一躍誰もが知る名作の地位へと押し上げたのである。

ここからわかるのは、文化の伝播においては、偶然性と必然性が常に交錯して相互に作用を及ぼしあっており、こちらが栄えればあちらが衰え、こちらが消えゆけばあちらが勢力を伸ばす、という具合に複雑な様相をめまぐるしく経ていくということである。決して直線的に影響を「与え」、影響を「受ける」という単一の方向性を見せるのではない。中国の酒文化が日本に及ぼした影響も、こういったケースだと考えてよいだろう。

ひとたびこの「天の美禄」に向かい合えば、古今も洋の東西も問わず、誰しもその誘惑に抗うことは永遠に不可能であった。それでは現代社会の中において、いかに理にかなった適度な飲み方をしつつ、且つこの深い奥行きを見せる酒文化を盛り立てていくことができるだろうか。この問題は、もしかしたら我々酒を愛する一人一人が、いま杯を空ける瞬間に、ふと考えてみるべきことなのかもしれない。

＊『**魏志倭人伝**』 『三国志』のうち『魏書』にある東夷伝の倭（日本）に関する記事の通称。3世紀頃の日本の地理・風俗などを記述。

＊『**万葉集**』 奈良時代の歌集。20巻。大伴家持が現存の形に近いものにまとめたとされる。成立年未詳。歌数4500余首。約400年にわたる全国各地、各階層の人の歌を収録。

＊**松尾芭蕉** まつおばしょう［1644–1694］江戸前期の俳人。伊賀の人。各地を旅して発句や紀行文を残した。主な紀行に「笈の小文」「更科紀行」「奥の細道」など。

＊**一休** いっきゅう［1394–1481］室町中期の禅僧。詩・狂歌・書画に長じる。

＊**秋山玉山** あきやまぎょくざん［1702–1763］江戸中期の儒学者。豊後の人。

＊**大田南畝** おおたなんぽ［1749–1823］江戸後期の狂歌師・戯作者。江戸の人。幕臣でもあった。

＊**亀田鵬斎** かめだほうさい［1752–1826］江戸後期の儒学者。江戸の人。

＊『**三国志**』 魏・呉・蜀、三国の歴史を記した書。西晋の陳寿の撰。魏書30巻・呉書20巻・蜀書15巻の65巻からなる。

＊**太宰 治** だざいおさむ［1909–1948］小説家。青森の生まれ。自虐的、反俗的な作品を多く発表。玉川上水で自殺。著「津軽」「斜陽」「人間失格」など。

＊**井伏鱒二** いぶせますじ［1898–1993］小説家。広島の生まれ。独特のユーモアで庶民の日常生活を描く。著「ジョン萬次郎漂流記」「山椒魚」「黒い雨」など。

＊『**全唐詩**』 清代に康熙帝の命によって彭定求らが編集した唐詩全集。900巻。作者2200余人の詩、48900余首を収録。

＊『**唐詩三百首**』 唐詩の選集。清の孫洙編。6巻。詩体別に一巻ずつ、合計310首を収録。

＊『**唐詩選**』 唐詩の選集。7巻。明の李攀竜の編というが未詳。盛唐期の詩に重きを置いたもの。日本では江戸時代に多くの注釈書が出て大流行した。

関連年表

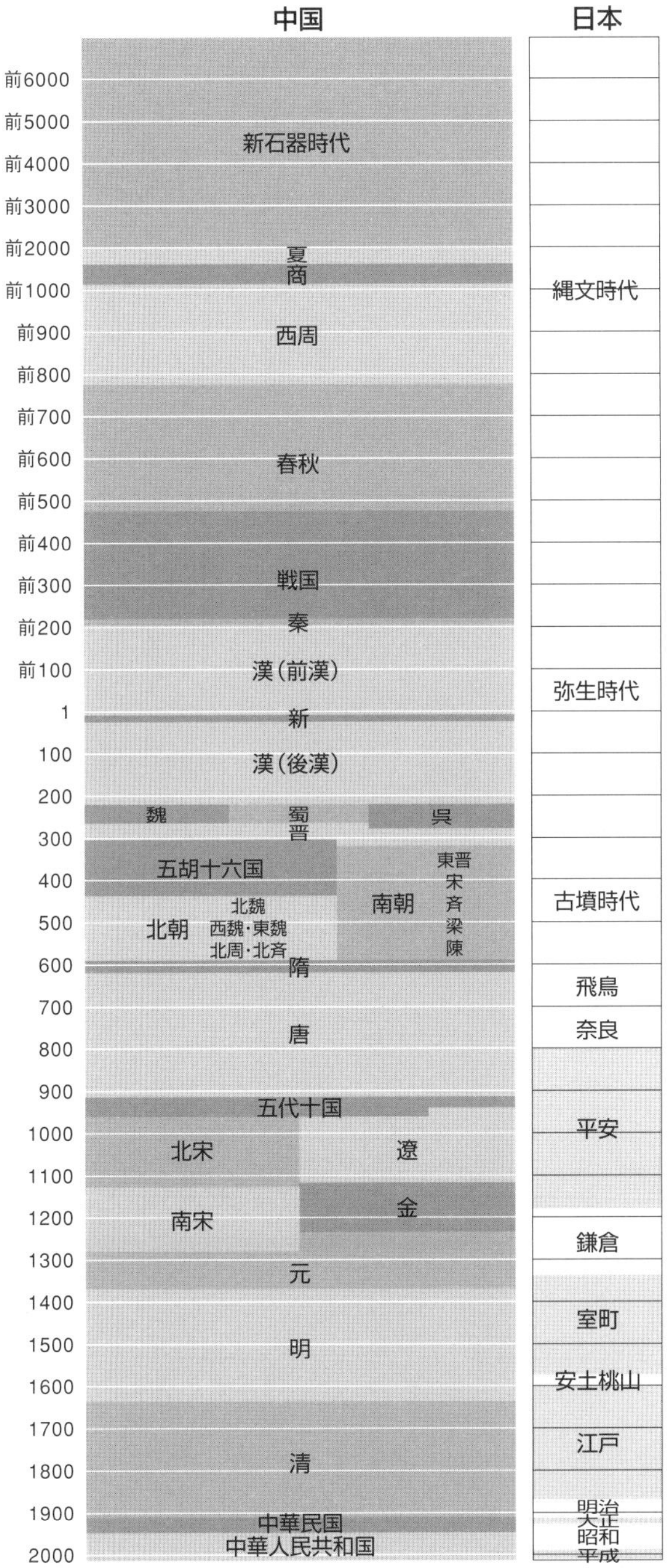
中国
日本
前6000
前5000
前4000
前3000
前2000
前1000
前900
前800
前700
前600
前500
前400
前300
前200
前100
1
100
200
300
400
500
600
700
800
900
1000
1100
1200
1300
1400
1500
1600
1700
1800
1900
2000
新石器時代
夏
商
西周
春秋
戦国
秦
漢(前漢)
新
漢(後漢)
魏
蜀
呉
晋
五胡十六国
東晋
宋
斉
梁
陳
南朝
北朝
北魏
西魏・東魏
北周・北斉
隋
唐
五代十国
北宋
遼
南宋
金
元
明
清
中華民国
中華人民共和国
縄文時代
弥生時代
古墳時代
飛鳥
奈良
平安
鎌倉
室町
安土桃山
江戸
明治
大正
昭和
平成

あとがき

筆者と中国の酒文化との縁は、考えてみれば二〇年も前にさかのぼる。

一九八六年、私はそのころ『中国歴代飲酒詩賞析』という本を書き始めていた。この本は主に酒を詠った詩を、『詩経』から清末の作品に到るまで二六〇首あまり集め、詩に注釈を施したり、それぞれの作者と酒にまつわるエピソードを補ったりしたもので、一九九一年に江蘇文芸出版社から刊行された。中国においては、これが飲酒詩のアンソロジーとして最も早いものであったとおもう。しかし原稿を書き上げて間もない一九八八年から、私は日本に留学し、そして実は日本にはすでに青木正児先生の『中華飲酒詩選』があったということを知った。慌ただしい留学生活の中で、私はこの書物によって拙作に修正を加えるだけの十分な時間を持つことができなかったが、「酒文化」が一般の飲食談義とは異なり、文化史の重要な一課題であるということについては、認識を新たにすることができた。またことに拙作の序文として書いた「中国古代詩と酒の関係を論ず」が、第一回中国酒文化国際学術研討会（成都、一九九一）で最優秀論文賞をいただいてから、私は中国の酒文化に対する自分の理解について、少しは自信が持てるようになった。面白かったのは、このとき賞品・賞金の他に、四川の剣南春酒造会社から、高級銘酒をまるまる一箱二〇本贈られたことである。そのあとでよく友達に、この受賞はまるで昔の文人が詩を書いて酒に換えたのと変わらないではないか、おおなんたる幸せよ、と冗談を言ったものだ。その後は他の研究対象に重心を移したものの、この課題については常に関心を持ち続けていた。

だからこそ、畏友の王勇氏が「図説中国文化百華」叢書の中の一冊を担当しないかと持ちかけてくれたとき、迷うことなく自ら「酒文化」の執筆を買って出たのである。

中国の酒文化の歴史は古く、内容は非常に豊富であるため、関連資料はまさしく汗牛充棟と言うべき多さにのぼる。『飲酒詩賞析』を編んだ当時は、どの作を入れるべきかとたいへん頭を悩ましたものだ。本書を執筆するにあたっても同様に、いかにして広範な材料から精髄のみを抜き出し、簡潔なものにするかという点に心を砕いた。忙しい授業の合間を縫って文を綴ったので、十分に推敲する時間を得ることはかなわなかったし、今回参照できた資料も二〇年前に自分が編んだ『飲酒詩賞析』をいささか補うにとどまった。中国の酒文化の真髄を正確に把握できているかどうか、例証や図版の選択は適当かどうか、そして解説は当を得ているかどうか、これらについてまだ自信を欠く所以である。賢明なる読者の批評を乞いたい。

生来の腰の重さから、もしも編集長の井川宏三先生が辛抱強く且つ断固として催促を繰り返してくれなかったなら、ずいぶん先まで本書を世に問うことはできなかっただろう。編集室の広岡純室長および上木早苗女史にも大変お世話になった。今ここで心から感謝の意を表したい。また大村次郷氏が貴重な写真を快く提供してくださって、本書は生き生きとした紙面を得ることができた。なお、成稿にあたっては古き友人の氏岡真士氏にも多くの貴重な助言をいただいた。ここにあわせて御礼を申し上げる。

二〇〇六年九月　　　　蔡　毅

参考文献

胡山源編『古今酒事』上海書店 1987

郭泮渓『中国飲酒習俗』文津出版社 1989

張遠芬主編『中国酒典』貴州人民出版社 1991

劉揚忠『詩与酒』文津出版社 1994

杜金鵬・焦天龍・楊哲峰『中国古代酒具』上海文化出版社 1995

万偉成『中華酒経』正中書局 1997

『坂口謹一郎酒学集成』岩波書店 1997

沓掛良彦『讃酒詩話』岩波書店 1998

万偉成『中華酒伝』南方日報出版社 2001

何満子『中国酒文化』上海古籍出版社 2001

洪光住『中国醸酒科技発展史』中国軽工業出版社 2001

松枝茂夫編『中国名詩選』ワイド版岩波文庫

吉川幸次郎・小川環樹／編集・校閲『中国詩人選集16』岩波書店

佐竹昭広ほか編『新日本古典文学大系64』岩波書店

中村喬編訳『中国の酒書』平凡社東洋文庫

前野直彬編訳『中国古典文学大系18・19』平凡社

伊藤正文・一海知義編訳『中国古典文学大系23』平凡社

王瑶著／石川忠久・松岡栄志訳『中国の文人―「竹林の七賢」とその時代』大修館書店 1991

島谷真三・北川勇『茶山詩五百首―黄葉夕陽村舎詩抄解』児島書店 1975

青木正児『酒中趣』『中華飲酒詩選』（『青木正児全集』所収）春秋社 1984

図版出典

『中国美術全集』（文物出版社・上海人民美術出版社・人民美術出版社）／『中国玉器全集』河北美術出版社／『中国酒文化』上海人民美術出版社／『巴蜀漢代画像集』文物出版社／『長沙馬王堆一号漢墓』文物出版社／『中国歴代人物図像集』上海古籍出版社／『中国名酒』中国広告協会／『中国漆器全集』福建美術出版社／『中国飲食文化比較研究』北京大学出版社／『華夏之路』朝華出版社／『中華古文明大図集』宜新文化事業有限公司・楽天文化公司／『紫禁城』紫禁城出版社／『紹興』中国旅游出版社／『中国博物館総覧』中国博物館総覧刊行委員会／『中国の星座の歴史』雄山閣／『京劇の世界』東方書店／『大地と民』海外文化振興協会／図録『中国国宝展』／図録『金龍金馬と動物王国展』／図録『唐の女帝・則天武后とその時代展』／図録『山東省文物展』

協力

和歌山市立博物館／菅茶山記念館

大村次郷　写真　p.108–111

岡本央　写真　p.28 p.30 p.31 p.97 p.101 p.104下左 p.105下左右 p.141 p.147上 p.195

株式会社撰

図説❖中国文化百華
第17巻　君当に酔人を恕すべし
――中国の酒文化

発行日　二〇〇六年十一月三十日
著者　蔡　毅
企画・編集・制作　「中国文化百華」編集室
企画・発行　（社）農山漁村文化協会
東京都港区赤坂七―六―一
郵便番号一〇七―八六六八
電話番号〇三―三五八五―一一四一［営業］
〇三―三五八五―一一四五［編集］
FAX　〇三―三五八九―一三八七
振替　〇〇一二〇―三―一四四四七八
印刷／製本　（株）東京印書館

ISBN4-540-03099-X
〈検印廃止〉
定価はカバーに表示